JE VEUX ÊTRE

Femme au foyer

TRAVAILLER, *pour quoi faire ?*

ROSEMARY COUNTER

Fetjaine

Titre original : *The Decadent Housewife*
Traduction : Isabelle ARAGNOU

Conception et réalisation
Elwin Street Limited
144 Liverpool Road
Londres N1 1LA
www.elwinstreet.com

www.fetjaine.com
ISBN : 978-2-35425-263-2
Une marque de La Martinière Groupe
www.lamartinieregroupe.com

Imprimé en Chine

S O M M A I R E

Introduction

Vous êtes une femme au foyer. Soit. Mais êtes-vous une femme au foyer libérée, voire *décadente* ?

Avocate dans un grand cabinet ou serveuse dans un bar, toute femme a son moment de lucidité. Fatiguée, débraillée, elle finit par se demander : Qu'est-ce qui est plus amusant que d'aller au boulot ? *Ne pas* aller au boulot. Mais à quoi pourrait-elle passer toutes ses journées ? À faire tout ce qui lui plaît. Et les revendications du MLF ? Eh bien, elle a maintenant tout le temps de lire *Le Deuxième Sexe* dans sa baignoire. Et qu'y a-t-il de plus *girl power* que d'envoyer un homme faire le boulot à sa place ? Rien.

Je ne dis pas que vous n'apportez pas votre contribution. En fait, votre simple présence est votre contribution. Certes, vous ne savez pas cuisiner, mais Dieu que vous êtes mignonne en tablier.
Le ménage vous dégoûte, bien sûr, mais vous avez le numéro d'une adorable vieille dame originaire de Lisbonne qui ne demande qu'à le faire. Vous avez parfois du mal à tenir quelques martinis (le plus souvent, d'ailleurs, ce sont eux qui vous tiennent...) mais vous savez organiser des soirées géniales.
Cela va sans dire que cet ouvrage n'est pas le livre de recettes

de votre mère (en fait, ne montrez *jamais* ce livre à votre maman). Mais même si une mère, ça sait cuisiner sans déclencher l'alarme incendie ou nettoyer sans se mettre en rogne, une femme au foyer décadente est malgré tout une vraie maîtresse de maison. Oui, vous en êtes la maîtresse. De la maison et de tout ce qu'elle contient : votre mari, votre temps, votre femme de ménage.

Alors commencez dès aujourd'hui à profiter de ce qui vous appartient. Que ce soit pour un martini matinal ou un cours de dessin l'après-midi, ce livre vous aidera à rendre vos journées somptueuses, à simuler quelques talents si nécessaire, et à manager votre homme.

Mais c'est un combat de chaque instant de pouvoir caser tout ça dans une seule journée – certes vous êtes fabuleuse, mais vous n'êtes qu'une femme après tout. Et tout comme savoir maîtriser l'art de la paresse, ou de la soirée improvisée, cultiver la décadence ménagère n'est pas pour les petites natures (quoique s'évanouir, vous l'apprendrez, peut se révéler une excellente tactique). Afin d'être sûre de tout mettre en œuvre pour développer votre nouveau style de vie, commencez par vivre la journée type d'une vraie femme au foyer.

Si vous avez besoin de conseils de fitness pour paresseuse ou du mode d'emploi de tous les objets bizarres qui se trouvent dans votre cuisine, voici le guide ultime pour trouver et faire vivre la femme au foyer qui est en vous. Depuis la grasse matinée jusqu'à la sieste, il est temps de découvrir ce qu'est vraiment la décadence.

CHAPITRE 1

Un réveil en beauté

7 h 30–11 h 30

Un réveil en beauté

BIEN QUE, à l'évidence, toute femme au foyer qui se respecte déteste le matin, nous savons que ce moment est d'une importance cruciale dans le développement et l'entretien du mode de vie décadent. Même s'il n'y a rien de pire que d'être réveillée par la sonnerie stridente d'un réveil, et même si la cruelle indifférence de votre compagnon quant à vos besoins en sommeil vous agace, consolez-vous en vous disant qu'au moins vous n'avez pas à aller au travail.

Votre homme sera sûrement grognon et éprouvera pour vous quelque ressentiment. Il est probablement épuisé par des années de dur labeur et de privation de sommeil. Heureusement, ceci le mettra dans de meilleures dispositions pour votre première mission de la journée :

Astuce pour un petit plus de décadence !

Portez de la lingerie. Il lui sera beaucoup plus difficile de rester fâché.

Le mettre dans de bonnes dispositions

Éteignez le réveil et esquissez un sourire. Ronronnez « Bonjour » dans son oreille, et ajoutez un petit mot doux. « Chéri » ou « Mon cœur » marchent bien pour la plupart des femmes, mais une *vraie* femme au foyer utilisera « Mon étalon », « Mon grand » ou tout autre formule qui renforcera sa mâlitude.

Tout en caressant gentiment son ego, murmurez-lui à l'oreille : « Il est l'heure d'aller travailler. » Ce genre d'exercice à la Pavlov fonctionne très bien avec les rats de laboratoire. Avec votre homme aussi. Il apprendra bien vite à reconnaître ces affectueuses associations et n'aura de cesse de se montrer à la hauteur de la situation. Si vous rencontrez de la résistance, le moment sera alors venu de positiver ses talents. Soulignez le fait qu'il est le plus fort/le plus intelligent/le plus rapide de tous les officiers de police/hommes d'affaires/joueurs de tennis professionnels de l'unité/du conseil d'administration/du club. Si vous ne savez pas vraiment ce qu'il fait, dites « le meilleur de l'équipe ».

Le petit déjeuner

IL Y EN AURA toujours pour dire qu'une femme au foyer doit préparer le petit déjeuner de son mari, mais ces femmes-là ne sont pas libérées. Leurs efforts ne sont pas reconnus à leur juste valeur, leurs toasts brûlent, leurs hommes se plaignent que le petit déjeuner d'aujourd'hui n'était pas aussi bon que celui d'hier. Un petit déjeuner succulent, nourrissant et quotidien est au pire impossible et au mieux énervant ; il est donc préférable de le garder pour des occasions vraiment spéciales comme les anniversaires, ou en guise d'excuse pour avoir démoli la voiture.

Ce n'est pas pour autant qu'une femme au foyer ne tirera pas bénéfice des doux souvenirs des petits déjeuners d'antan.
Vous pouvez facilement réveiller ces ineffables sensations avec l'équivalent moderne du petit déjeuner : le café. Quand votre chéri est sous la douche, mettez la casserole à chauffer. Mieux, investissez dans une cafetière programmable dernier cri, comme ça vous n'aurez pas à vous lever. Utilisez sa carte bleue et offrez-lui comme cadeau d'anniversaire.

Notez bien :

Votre café ne ressemblera pas du tout à ça. Ce serait ridicule.

Programmez la cafetière pour qu'elle se déclenche quand il est sous la douche ou, si cela se révèle trop stressant, utilisez votre ignorance de la technologie comme excuse pour demander de l'aide à votre voisin sexy. Il sera certainement ravi d'arrêter de jardiner pour détendre son corps luisant de sueur tout en révélant son habileté technique. Essayez de ne pas vous laisser tenter par une aventure avec lui dans la cuisine. Si toutefois cela devait par malheur se produire, alors mettez-vous au travail.

LES CRÊPES
« JE SUIS DÉSOLÉE, CHÉRI »

Ingrédients

De la farine
1 œuf, sans la coquille
1 tasse de lait, frais de préférence
(si vous n'en avez pas, allez frapper à la porte de
votre voisin sexy d'une manière suggestive)

PRÉPARATION

Mélangez le tout dans un saladier. Versez la pâte dans une poêle chaude beurrée. Quand ça sent le cramé, retournez la crêpe. Quand ça sent à nouveau le cramé, c'est prêt.

PRÉSENTATION

Recouvrez la crêpe de miel et/ou de beurre et/ou de crème Chantilly (prête à l'emploi). Ajoutez des fruits frais (ou presque) coupés en tranches.

« C'est quoi, une crêpe ? »

Si c'est trop compliqué, faites des gaufres. Vous n'avez qu'à les glisser dans votre tout nouveau grille-pain ultramoderne.

Astuce pour un petit plus de décadence !

Ajoutez un peu de levure chimique : cela vous permettra de garder votre pâte toute la nuit au réfrigérateur.

Et pensez à convaincre une amie plus douée que vous en cuisine de la faire pour vous. Remerciez-la par une tournée de martinis.

Les 10 commandements de la grasse matinée

LA GRASSE MATINÉE est la pierre angulaire du mode de vie de la femme au foyer. Dès que vous entendez la porte se refermer, vous savez que vous avez gagné une nouvelle journée de volupté. Si vous avez dû vous lever pour préparer le petit déjeuner/le café/lui dire au revoir, votre prochaine étape est de retourner au lit. Voici ce que disent les Tables :

1. TU NE TE RÉVEILLERAS PAS AUX AURORES...
Vous lever avant votre mari ou le soleil est à la fois totalement inacceptable et contraire à la marche naturelle des choses. Ça crée aussi un mauvais précédent, alors au nom de toutes les femmes au foyer, abstenez-vous.

2. ... NI TROP TARD
Oui, vous avez bien lu. Une journée entière passée au lit peut être considérée comme un passage du côté obscur de la paresse excessive

3. TU LAISSERAS VAGABONDER TES PENSÉES
Voici votre chance de réfléchir aux questions importantes de la vie, comme : « Que vais-je bien mettre aujourd'hui ? » Dans votre tête, passez en revue votre dressing de fond en comble – et ajoutez en imagination des robes de la dernière fashion week. Puis projetez-vous – en un peu plus grande et plus mince – revêtue de ces tenues et déambulant tel un top model.

4. DE BEAUX RÊVES TU FERAS !
Si vos pensées lorgnent du côté de votre voisin sexy, laissez-les faire. Ce n'est pas le moment de se brider, les fantasmes sont de bonne guerre.

5. DE LA CLASSE, TOUJOURS DE LA CLASSE
Si vous pouvez, faites ça bien. Et avec classe. Nuisette en soie ? Paré. Déshabillé vaporeux ? Paré. Masque relaxant yeux ? Paré.

6. LES COUPABLES CONNAÎTRONT LA SOUFFRANCE ÉTERNELLE...

Personne – ni votre mère envahissante, ni votre Marichéri jaloux, ni la femme de ménage – ne doit vous faire sentir coupable de votre thérapie de quatorze heures de sommeil (si vous appelez ça une thérapie, ils vous laisseront peut-être tranquille). Ça fait du bien, ça ne coûte rien et ça ne contient aucune calorie.

7. ... AINSI QUE LES FRUSTRÉES ET LES AGITÉES

Si vous faites partie de ces insomniaques grincheuses qui se torturent elles-mêmes et torturent les autres avec leurs rouspétances et leurs plaintes, vous ne méritez pas cette grasse matinée.

8. TU PRENDRAS VANITÉ DE TON SOMMEIL

Il faut encore vous convaincre ? Le *beauty sleep* n'est pas qu'un mythe – le sommeil rend sexy, rafraîchit la peau et supprime presque les cernes. Alors ne considérez pas cela comme du sommeil : vous êtes presque en train de faire de l'exercice.

9. TU NE REGARDERAS PAS LE RÉVEIL

Cet objet stressant et pervers peut rapidement vous faire compter les minutes qui restent avant l'heure du déjeuner. Ne laissez pas cette chose rythmer votre descente dans la folie : enlevez les piles ou exilez-la dans un tiroir de la table de chevet si nécessaire.

10. TU DORMIRAS AUSSI LE DIMANCHE

Pouvez-vous croire qu'il y a un jour officiel pour la grasse matinée, et cela chaque semaine ? Eh bien, vous pouvez. Et grâce à la prodigalité de Marichéri, qui vous fournit tout le nécessaire à une bonne grasse matinée, vous perdez même la motivation de vous lever pour vous bichonner.

« REMUE-MÉNINGES POUR FEMME AU FOYER ! »

Quelle est la profession de votre homme ?

Vous êtes-vous déjà demandé ce que fait votre homme une fois qu'il a quitté la maison ? (Ça concerne l'*achat* et la *vente*.) D'un autre côté, vous tombez dans l'ennui le plus profond quand il commence à vous l'expliquer. En tout cas, c'est le mystère le plus total, mais le test ci-dessous devrait vous donner des indices.
Quand il quitte la maison, votre homme porte :

Un costume

Il se plaint souvent de la dure journée qu'il a passée...

- **À L'ÉTUDE.** Excellent ! Vous avez sûrement attrapé un avocat. Regardez *La Firme*.
- **À LA BANQUE.** Félicitations ! Vous avez probablement attiré un financier. Allez faire du shopping.
- **AU BUREAU.** Bonne affaire ! Votre mari est une sorte de businessman.

Un uniforme

De quelle couleur est son uniforme ?

- ◌ **BLEU.** Votre homme est sans doute un policier. Suivez la procédure, et surveillez votre consommation de substances illicites.
- ◌ **ROUGE.** Quelle chance ! Votre homme est un pompier. Soûlez-vous et louez *Backdraft*.
- ◌ **KAKI.** Votre homme est peut-être dans l'armée. Assurez-vous qu'il se bat dans le même camp que les stars d'Hollywood.
- ◌ **AUTRE.** Profession inconnue. C'est peut-être un strip-teaseur en civil.

Un bleu de travail

Quand il revient du travail, votre homme sent :

- ◌ **LA PEINTURE.** Il est possible que votre homme soit un artiste. Posez-lui de vagues questions sur « son œuvre ».
- ◌ **L'ESSENCE/L'HUILE.** Votre Marichéri doit être mécanicien. Faites-lui la chorégraphie de *Flashdance*.
- ◌ **LA SUEUR.** Probablement un ouvrier du bâtiment. Profitez de ses muscles.

Autre

Quand ses collègues viennent à la maison, que font-ils ?

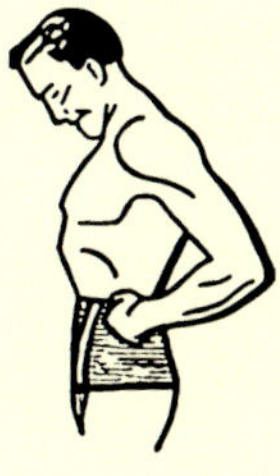

- ◌ **ILS « S'ENTRAÎNENT ».** Votre homme doit pratiquer un sport dans un genre d'équipe. Notez la taille/la forme de la balle/du ballon.
- ◌ **ILS « SE PRÉPARENT ».** Ça a certainement un rapport avec une réunion. Vous avez sûrement un genre de businessman de la famille des indépendants.
- ◌ **ILS « FONT UN BŒUF ».** Vous avez probablement épousé une rock star. Préparez-vous au divorce.
- ◌ **ILS « PARLENT ».** Vous êtes certainement l'épouse d'un mafieux. Bravo !

Maintenance matinale

VOUS AVEZ ENFIN émergé de votre nid douillet et achevé votre hibernation, il est l'heure d'affronter une nouvelle journée et de commencer vos déambulations devant le miroir. Horreur ! Un abus de nuits décadentes a laissé ses marques sur votre visage. Voici néanmoins une bonne nouvelle : se pomponner, ça fait du bien au corps et au moral. Comme vous ne pouvez pas passer toutes vos journées au spa (quoique... ?), un bichonnage fait maison vous remettra d'aplomb ; ainsi, vous pourrez vite recommencer à faire ce pour quoi vous êtes la meilleure : vous regarder dans le miroir tout l'après-midi.

PRENDRE UN BAIN. Si vous avez le temps, passez la matinée à faire trempette dans la baignoire. Si vous n'avez pas le temps, aménagez votre planning pour l'avoir. Pensez à tout ce que vous pourriez faire en même temps – cela s'appelle être « multifonction » et les femmes sont très douées pour ça. À part fumer des cigarettes à la chaîne, un bain productif inclut : parler au téléphone, surfer sur le Net, laisser tomber des miettes du petit déj' dans l'eau et s'en foutre. Les produits à avoir en abondance : huiles, sels de bain ; crème et lait hydratants ; bulles et petits canards en pagaille.

BOUCLE D'OR. Il est écrit sur le flacon : « Lavez, puis recommencez l'opération », mais moi, je dis : « Lavez, et recommencez encore et encore ! » Alternez le volumisant et l'adoucissant, la fixation légère et l'extraforte. N'oubliez pas le soin traitant : c'est comme du shampooing, mais en mieux. Il en reste après le rinçage ? Continuez. Vous avez l'impression d'avoir rincé tous les principes actifs ? Alors recommencez.

LES BASIQUES POUR LE CORPS. L'hydratation n'est pas réservée au visage. Afin d'éviter la confusion parmi une tonne de produits respectables : utilisez-les tous. Exfoliez, vaporisez, huilez, lissez, lotionnez, crémez, moussez, beurrez. Oui, ça peut prendre un certain temps mais vous êtes libre jusqu'au déjeuner, alors pensez au temps que vous économisez en ne vous cassant pas la tête sur le choix du bon produit.

FAIRE FACE À VOTRE VISAGE. Comme l'hydratation du corps, plus on en fait, mieux c'est ; mais cette fois le choix est encore plus cornélien. Crème gommante, lotion ou huile démaquillante, lait nettoyant, lotion micellaire, crème hydratante, crème antirides (même si vous n'admettez ni ne reconnaissez aucune ride), lotion hydratante, masques, crème contour des yeux. Taratata : oui, ces produits ont tous une importance vitale. Prenez garde à ne pas utiliser de miroir grossissant – ce genre d'objet est à proscrire.

YEUX GONFLÉS. Vous allez enfin pouvoir utiliser ces sachets de thé vert qui encombrent votre placard ! Humidifiez et posez sur les yeux. Mettez en route votre cafetière en attendant que ça fasse effet.

Maquillage : les musts et les faux pas

PERSONNE ne vous conseille de vous lever avant votre homme afin de vous appliquer une grosse couche de peinture de guerre. Personne. Il est bien fini, le temps où cela impressionnait un homme. En revanche, de nos jours, cette démarche est la preuve d'un TOC (trouble obsessionnel compulsif).

Cela dit, un petit raccord fera des miracles s'il s'avère que vous vous êtes évanouie dans votre véranda la nuit dernière sans pouvoir vous démaquiller. Donc, quelle que soit la retouche que vous devez apporter à votre maintenance matinale, faites votre choix dans ce qui suit.

LE FOND DE TEINT. Une touche de ce produit miracle vous rendra instantanément plus décadente et moins « monstre des marais ».

L'ANTICERNES. Même les top models les plus arrogants utilisent ce produit magique.

LA POUDRE. Juste quand vous pensiez que votre visage ne pouvait rien accepter de plus, la poudre vient compléter le travail.

LE ROUGE À LÈVRES. Peindre vos lèvres en rouge sang est une ancienne coutume destinée aux dieux, et donc, à vous. Si vous croyez ne pas pouvoir réussir votre coup, alors vous n'êtes pas assez décadente. Allez au centre commercial et fouillez les rayons de fond en comble à la recherche d'une teinte mate qui vous fera sentir que c'est vous, le bon coup. Il n'y a rien de tel pour montrer au monde que vous êtes prête… à le mordre.

LE BLUSH. Bien qu'injustement abâtardi ces dernières décennies, un blush bien appliqué rendra votre tête de zombie prête à se mêler aux vivants. Aspirez les joues comme si vous envoyiez des baisers au voisin et posez la couleur le long de l'os.

LA TERRACOTTA. Comme le blush, mais en mieux.

LE MASCARA. Comme l'anticernes ou le rouge à lèvres, vous en aurez un besoin désespéré. Que ce soit pour aller à une soirée ou faire du camping en pleine nature (ne faites jamais cela), trouvez le plus épais qui existe et appliquez-le comme de la peinture au plomb. Quand vos cils ressemblent à un éclat de verre qui égratigne votre cornée, vous êtes prête pour le gros plan.

L'OMBRE À PAUPIÈRES/L'EYE-LINER (EN OPTION). Écoutez-moi bien : voici la seule situation de la journée où le mieux est l'ennemi du bien. Avec vos lèvres rouge sang, un œil smoky peut rapidement faire « rue Saint-Denis ». À moins que ce ne soit l'effet recherché, chérie.

LE VERNIS À ONGLES. Répétez après moi : je ne quitterai pas la maison avec un vernis écaillé. À moins d'aller chez la manucure. Rappelez-vous que des faux ongles ridiculement longs sont une excellente excuse pour éviter toute tâche ménagère.

LES FAUX CILS. Si vous êtes arrivée jusqu'ici, pourquoi ne pas aller un peu plus loin ? Les faux cils sont le paroxysme de la décadence, surtout si c'est pour rester chez soi. Je suis vraiment impressionnée !

Mode : les basiques

C'EST UN FAIT : quand on est aussi fabuleuse que vous, on est condamnée à être toujours impeccable. Rien ne sert d'éviter l'inévitable ; habillées en Versace ou enveloppées de Cellophane au spa, les femmes au foyer croient toujours qu'elles sont à tomber – et en fait, elles le sont.

Cela dit, si vous portez un vêtement d'avant l'an 2000, mais pas assez vieux pour être classé vintage et qui vous a été revendu à un prix exorbitant, n'hésitez pas à jeter un coup d'œil au règlement ci-dessous.

« MODE : PAS DE FAUX PAS »

Partager votre espace

Si Marichéri vous a persuadée à l'insu de votre plein gré de partager votre dressing avec lui, tout n'est pas perdu. Cette situation lamentable est complètement réversible, et voici comment. Tout d'abord, assiégez une pièce de la maison. La chambre d'enfant inutile, son bureau, toute pièce qui trouve gré à vos yeux. S'il vous interroge, insistez sur votre droit à avoir un dressing rien qu'à vous. Sortez la peinture rose.

Astuce pour un petit plus de décadence !

La lingerie look « père Noël » ?
Mieux en théorie qu'en pratique.

« GUIDE D'ORGANISATION À L'USAGE DE LA FEMME AU FOYER »

Garder le contrôle de votre dressing

Ça ne sert à rien de posséder plus de paires de chaussures que Céline Dion si vous n'arrivez pas à les retrouver. C'est pourquoi tout doit être organisé (vous pouvez éventuellement déléguer), même si ça doit ressembler à un TOC. Allez même plus loin : si garder vos chaussures dans leur boîte d'origine avec leur photo scotchée dessus vous aide à appréhender la folie de ce monde cruel, alors allez-y. Personne ne vous jugera.

« UNE VÉRITÉ EN MATIÈRE DE MODE »

Accumuler est un art, pas une maladie

Oubliez la règle des deux ans, conservez tout au cas où le grunge reviendrait à la mode. Ne partagez pas vos slims ou vos baggys avec vos amies minces ou grosses – on ne sait jamais quand une grippe intestinale ou des vacances « boissons comprises » peuvent frapper. Si vous avez tout donné à Emmaüs, vous finirez probablement par porter de la lingerie look « père Noël » au mois de mai.

« LA RÈGLE ULTIME EN MATIÈRE DE MODE »

Il n'y a pas de règles

Vous voulez voler dans les plumes des autorités fashionesques ? Faites-le. Réfléchissez un peu : imaginez-vous Madonna suivre des règles ? Non, elle leur rira au nez et s'habillera comme sa fille jusqu'au jour de sa mort. Donc, si le fait de vous comprimer dans un top asymétrique made in China vous donne envie de danser comme dans le clip de *Vogue*, allez-y. Une urgence de dernière minute exige que vous répariez vos Louboutin avec du chewing-gum ? Ça arrive. On vous a surprise à la messe de minuit avec un bustier ? Même Dieu veut que vous soyez à la mode.

Ce qu'il faut avoir dans son placard

VOUS VOUS SOUVENEZ qu'on vient de dire qu'il n'y a pas de règles ? Oubliez. Voici les indispensables :

DES CHAUSSURES ROUGES. Magiques. Demandez à Dorothy du *Magicien d'Oz* ; elles ont des superpouvoirs. Les talons doivent être suffisamment hauts et fins pour tuer un homme.

DES TRUCS ROSES. Des serviettes de toilette roses, un déshabillé froufroutant rose, des pantoufles en fourrure rose.

UN PUSH-UP À COUSSINETS. Quand ils ont l'air d'avoir deux tailles de plus qu'en réalité et que le bonnet suffit à peine à les contenir, ça marche.

UN COLLIER DE PERLES. Ne pensez pas « bourgeoise », pensez « Mad Men ».

UN FABULEUX IT BAG. Emprunté, loué ou volé si nécessaire.

UN KIMONO JAPONAIS. Jouez à la geisha : oubliez vos robes de chambre en pilou pas glamour.

DE LA LINGERIE EN DENTELLE FROUFROUTANTE. Des culottes en coton ? Pour quoi faire ?

DES TABLIERS RÉTRO. Oh, le dîner n'est pas prêt, mais regarde comme je suis mignonne !

UN FOUET. Pour le garder dans le droit chemin, au cas où.

UN COSTUME DE SOUBRETTE COQUINE, agrémenté d'un plumeau. Et rien ne vous empêche d'en passer un petit coup.

CHECKLIST

Vous n'avez rien à faire ?

Taratata. S'il vous reste du temps libre dans la matinée, c'est que vous vous débrouillez mal. Il est vrai qu'une routine matinale proprement exécutée implique de nombreuses étapes, il est donc compréhensible que vous en ayez manqué quelques-unes. Alors si vous vous retrouvez sans rien à faire avant l'heure décente pour avaler un martini, vérifiez les points suivants :

- ◌ Cheveux lavés (shampooing ET après-shampooing).
- ◌ Cheveux colorés, racines retouchées si nécessaire.
- ◌ Cheveux séchés (et brossés et démêlés).
- ◌ Cheveux lissés/bouclés/lustrés/défrisés/ laqués si nécessaire.
- ◌ Masque d'argile contre le sébum (1 heure).
- ◌ Masque désincrustant et hydratant (1 heure supplémentaire).
- ◌ Visage nettoyé en demi-cercles stimulants.
- ◌ Visage exfolié.
- ◌ Hydratation, hydratation, hydratation (asseyez-vous 20 minutes).
- ◌ Sourcils sous contrôle (peut être sous-traité).
- ◌ Rondelles de concombre sur les yeux (30 minutes).
- ◌ Anticernes, ombre à paupières et eye-liner posés.
- ◌ Cils recourbés.
- ◌ Lèvres exfoliées, hydratées, recouvertes de baume.
- ◌ Corps exfolié, hydraté (parce qu'on n'hydrate jamais assez).
- ◌ Manucure et pédicure complètes (peuvent être sous-traitées).
- ◌ Vaporisez du parfum dans l'air, marchez à travers le nuage.

Quoi mettre ?

SI vous avez enfin un dressing digne de ce nom, vous devrez certainement faire face à un tas d'options. Trop, en fait. Et prendre

des décisions, c'est épuisant. Ne vous laissez pas abattre, laissez ce diagramme faire le travail.

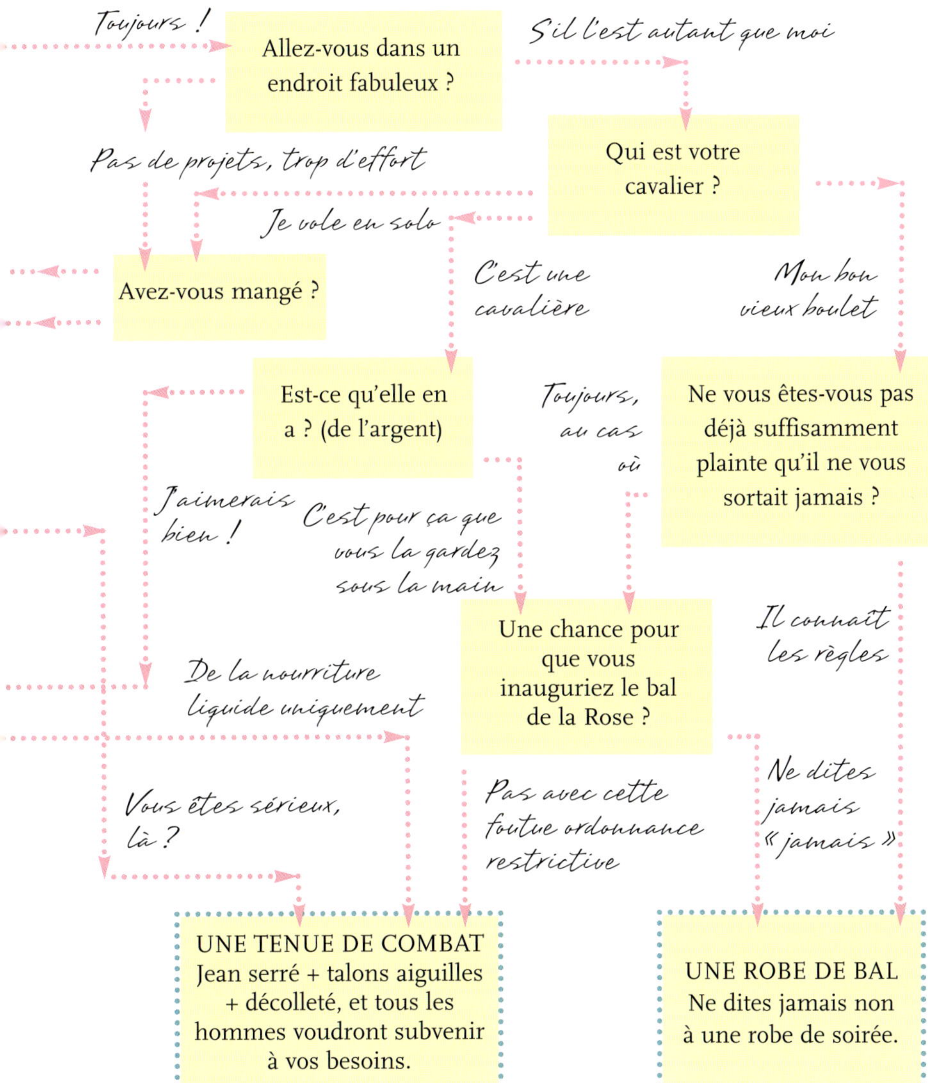

CHAPITRE 2

Déjeuners décontractés, brunchs débraillés

11 h 30–15 h 00

Déjeuners décontractés, brunchs débraillés

APRÈS votre matinée de détente et de luxe, voici venue l'heure de votre premier vrai travail de la journée : préparer le repas, tout en décadence. Pour certains, manger est purement alimentaire, mais pour vous, c'est du sérieux. Prendre les décisions importantes telles que : où aller, quoi manger et qui va payer (pas vous, en tout cas), voilà votre travail. À l'inverse du dîner – tout le monde s'attend, très injustement, à ce que vous le prépariez – vous n'avez aucune obligation ; et donc aucune raison de ne pas sortir et ne pas picoler tout l'après-midi avec des amies fabuleuses et/ou des amants chauds bouillants. Passez la matinée à vous pomponner, débattez sur le choix du bistrot (lequel a l'éclairage le plus flatteur) et mettez une heure à choisir votre entrée. Vous le valez bien !

CHECKLIST

Qu'y a-t-il au frigo ?

À part l'étagère à bouteilles, votre réfrigérateur peut révéler un monde énigmatique, mais plutôt du genre dégoûtant. (Si les choses commencent à avoir une odeur bizarre, il est temps d'enquêter.) Mais si le traiteur est en congé, n'hésitez pas à y entreposer un stock de produits essentiels :

- Des beignets de crevettes et autres crustacés rigolos en cas d'urgence.
- Des viandes fumées prétentieuses.
- Du fromage sous toutes ses formes : brie, bleu de Bresse, édam, gouda, roquefort, gorgonzola, raclette.
- De la fondue au chocolat.
- Un assortiment de fruits (du genre sexy).
- Des tablettes de chocolat (bizarrement, il y en a toujours dans votre frigo !).
- Un paquet de cigarettes (planqué dans le freezer en cas d'urgence).

- Du champagne pas cher pour les invités bas de gamme.
- Du champagne millésimé hors de prix pour votre consommation personnelle.
- Du vin blanc, bien planqué en cas de rupture de stock générale.
- Des liqueurs fortes (pour les dures de dures).
- Des citrons, des citrons verts, des olives et autres indispensables garnitures à cocktail.
- Des produits indéniablement décadents aux noms italiens.
- Tout ce qui se présente en croûte.
- Du foie gras.
- Des plats surgelés, pour nourrir Marichéri en cas d'urgence.

Gadgets et bidules de la cuisine

SI vous avez une fringale et que personne ne peut vous livrer, vous pouvez faire ce que les vraies femmes au foyer appellent « se mijoter un petit quelque chose ». Mais c'est une tâche ingrate. Et comme personne n'est là pour louer vos efforts surhumains, je ne vous le conseille pas. Vous êtes encore affamée mais toujours rebelle ? Sachez au moins reconnaître les ustensiles. Vous êtes sûrement déjà allée dans la cuisine, alors commençons par les basiques. Ces instruments vous permettront de préparer quelque chose qui ressemble vaguement à un repas.

C'est quoi ce p☠◎!! de truc ?	À quoi ça peut bien servir ?	Où ça se range ?	Vivre sans ?
	À attraper la nourriture, et à la mettre dans la bouche.	Placée délicatement à gauche de l'assiette, à côté de son double tout aussi inutile.	Mangez la salade avec les doigts ; de toute façon, vous ne mangez que chinois.
	À couper la nourriture en petits morceaux/ à poignarder accidentellement votre mari dans une crise de rage.	Habilement planqué avec les fourchettes/jeté par la fenêtre de la voiture, en prenant soin d'effacer toute trace d'empreinte.	Suivez un régime liquide/ votre mari est mort il y a des années dans d'étranges circonstances.
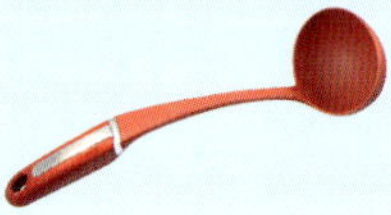	À transporter la soupe de la soupière à votre assiette.	Nonchalamment suspendue à un crochet bien placé.	Si vous croyez que le mot « louche » ne s'applique qu'aux bars.

C'est quoi ce p☠@!! de truc ?	À quoi ça peut bien servir ?	Où ça se range ?	Vivre sans ?
	À mélanger rapidement, une histoire d'air ou un truc dans le genre...	On s'en fout, vous ne vous en servirez jamais.	Quand il en existera une version électrique (donc, maintenant).
	Si vous avez bu au déjeuner toutes les bouteilles qui se dévissent.	Mettez-en plusieurs à des endroits stratégiques afin d'en avoir toujours un sous la main.	C'est impossible.
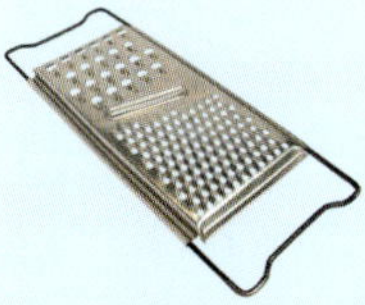	À mettre du fromage sur tout ce que vous cuisinez.	Là où vous avez eu votre dernière fringale de fromage.	Impossible ! Le fromage est *the* ingrédient.
	Ce réceptacle à boisson est destiné à rendre supportable la préparation du repas.	À portée de main.	Quand un excès de casse mènera à l'utilisation exclusive de gobelets en plastique.
	À réparer toutes sortes d'appareils ménagers.	Laissez cette tâche masculine à votre Marichéri, il est plus malin.	Si vous êtes maladroite et que vous n'êtes pas vaccinée contre le tétanos.

Quelle est la carrière de vos rêves ?

Je plaisante. Mais une fois passé les frissons d'horreur, cette question provoquera une vague de franche rigolade au cours de repas avec vos amies. N'ayez pas d'idées trop fantasques.

1. En tant qu'organisatrice en chef, vous choisissez l'endroit. Lequel ?

A) La brasserie du centre commercial.
B) Le café lounge de l'hôtel le plus clinquant de la ville.
C) Un resto où les photos du menu sont en haute définition.
D) Le bistrot de votre ex-beau-frère (qui pourrait bientôt brûler dans d'étranges circonstances, le bistrot, pas l'ex-beau-frère).

2. Où voulez-vous être placée, madame la présidente ?

A) À une table en terrasse pour regarder passer les fashion victims.
B) À un endroit discret d'où vous pourrez observer le monde derrière vos gigantesques lunettes de soleil Chanel.
C) Le plus près possible du chariot à desserts.
D) À proximité de l'issue de secours, on ne sait jamais.

3. Enfin servie. Qu'avez-vous choisi ?

A) Une salade César au poulet avec la vinaigrette à part et sans poulet.
B) Une côte de bœuf que vous mettrez sur l'addition du gentil monsieur de la chambre 412.
C) Toute la carte.
D) Une délicieuse bisque de homard, qui provoquera peut-être une intoxication.

4. Vous avez fait un rêve bizarre la nuit dernière ; quelle histoire allez-vous raconter à l'heure des confessions ?

A) L'aéroport a perdu votre valise, alors vous l'avez dynamité.

B) Vous vous êtes encore retrouvée nue en public – et vous avez aimé ça.

C) Il y avait un buffet chargé de mets délicieux. Vous avez pleuré en vous réveillant car il n'en restait rien.

D) Vous avez découvert que vous pouviez déplacer les objets par la pensée.

5. C'est clair, vous ne payez pas l'addition, mais pourquoi ?

A) Vous avez dépensé tout votre argent dans une nouvelle paire de Louboutin et vous devez rentrer à pied.

B) Ça ne faisait pas partie du deal.

C) Votre addiction ne doit pas faire de vous une victime.

D) Alerte rouge : il s'avère que vous êtes la jumelle diabolique du propriétaire.

Vos résultats

Maximum de A. Shoppeuse personnelle : vous êtes assoiffée de pouvoir, matérialiste et vous adorez critiquer ; vous êtes faite pour travailler dans la mode.

Maximum de B. Escort girl de haut vol : comme dans *Pretty Woman*, mais sans l'histoire d'amour.

Maximum de C. Styliste culinaire : des gens se font bien payer pour rendre la nourriture attrayante. Pourquoi pas vous ?

Maximum de D. Méchante dans un soap opera : vous êtes douée pour lancer des regards méprisants à la populace et en tirer profit.

Remèdes de midi

VOUS AVEZ renoncé à cuisiner ? Prenez un drink. Oubliez les conventions. Si votre état exige un petit remontant matinal, alors, santé ! Il n'y a pas de honte à y aller franco. Voici quelques recettes pour bien commencer la journée, ou du moins la remettre sur les rails.

LE « LENDEMAIN DE FÊTE »

Ce délicieux cocktail éclaire non seulement les matins embrumés, mais aussi les soirées. Grâce au détournement coquin d'une confiture sans intérêt, rappelez à votre gueule de bois qui est la patronne.

Ingrédients

60 ml de gin
30 ml de Cointreau
30 ml de jus de citron
1 cuillerée à café de confiture d'orange

PRÉPARATION

Mettez tous les ingrédients avec de la glace dans un shaker. Secouez avec énergie. Versez dans un verre à cocktail, ou dans un mug pour plus de discrétion. Décorez d'une spirale de zeste d'orange.

Note

Si vous ne savez pas faire un martini sans lire la recette, honte à vous.

LE « MMM-MIMOSA »

Pour être totalement décadente, consommez du champagne au Nouvel An, aux anniversaires, et tous les jours sans modération.

Ingrédients

180 ml de champagne
90 ml de jus d'orange

PRÉPARATION

Mélangez le jus d'orange et le champagne déjà frais (ces deux ingrédients vivent dans le frigo, non ?). Versez dans de jolis verres préalablement rafraîchis, de préférence de la taille d'un bol. Si vous ne tenez pas bien l'alcool, ajoutez un glaçon.

L'« ESPRESSO IMPRESSIONNANT »

Rien de tel que du café accompagné d'alcool pour rendre votre matinée agréable ! Ce rêve crémeux vous procurera votre shoot de caféine et votre dose d'alcool en une seule boisson. En dehors du petit déjeuner, l'« Espresso impressionnant » se consomme aussi au brunch, au goûter, avant le dîner, après le dessert... bon d'accord, n'importe quand.

Ingrédients indispensables

90 ml de vodka
30 ml de liqueur de café Kahlua
8 ml de crème de cacao
30 ml d'espresso froid

PRÉPARATION

Faites l'espresso (utilisez la cafetière du premier chapitre). Mettez la vodka, le Kahlua, la crème de cacao et l'espresso avec de la glace dans un shaker. Secouez, secouez, secouez. Versez dans un verre à cocktail rafraîchi. Dégustez sur votre balcon.

Astuce pour un petit plus de décadence !

Vous n'êtes pas alcoolique, sauf si vous admettez avoir un problème. Vous n'en avez pas, et n'en aurez pas. Jamais.

Trucs et astuces de régime

ÉTANT certainement elle-même une femme libérée, Peggy la cochonne a dit un jour : « Ne mangez jamais plus que vous ne pouvez soulever. » Cette astuce est valable pour un cochon, mais si vous cédez à votre envie insatiable de brie, vous finirez par être moins décadente et plus corpulente. Dans de tels moments, voici quelques astuces qui vous aideront à garder à distance vos envies irrésistibles de gâteaux. En plus, elles ne nécessitent ni efforts, ni besoin de se faire vomir :

UNE ASSIETTE PLUS PETITE POUR UN CERVEAU PLUS PETIT. Si votre cerveau facilement influençable est assez stupide pour tomber dans ce piège, mangez dans une soucoupe.

LISEZ UN LIVRE DE CUISINE. Si vous avez déjà salivé sur un magazine culinaire ou si vous vous êtes déjà caressée en regardant Cuisine TV, ça fera des miracles.

UN *PATER* ET DEUX *AVE* ! Confessez vos débordements à un groupe d'étrangers anonymes et perdez toute dignité.

NE PRENEZ PAS DE PETIT DÉJEUNER ou de déjeuner, ou de dîner. Franchement, vous n'en avez pas besoin, et vous serez divinement mince d'ici au week-end.

FUMEZ PLUS POUR MAIGRIR PLUS. Les top models le savent bien – ça va supprimer vos besoins en nutriments, et en plus ça vous donnera l'air cool.

RENONCEZ À L'ALCOOL. C'était un piège ! Vous n'êtes pas tombée dedans, tant mieux.

PARIEZ AVEC UNE AMIE. Miser de l'argent sur votre taux de résistance à un gâteau au chocolat vous forcera à tenir bon, tout en rappelant à vos soi-disant amies que c'est toujours, toujours, vous qui gagnez.

GASTRECTOMIE. Toutes les célébrités obèses et has been le font bien, alors pourquoi pas vous ?

Alternatives pour les phobiques de la gym

APRÈS un bon petit déjeuner/brunch/déjeuner, il se peut que vous culpabilisiez. Mais si l'idée d'une seule seconde sur un tapis roulant vous donne envie de frapper la première *gym addict* que vous rencontrez, si vous avez déjà été injustement renvoyée de votre salle de gym pour avoir menacé lesdites *addicts* ou encore si vous préférez être grosse plutôt que de bouger un seul muscle, alors vous trouverez ici de nombreuses façons de garder votre décadence et votre ligne :

NE MÉNAGEZ PAS LE MÉNAGE. Loin de moi l'idée de le recommander, mais un site Internet présenté par une dame très contente d'elle, assise sur un ballon, explique que nettoyer votre voiture vous fera perdre 330 calories, laver les carreaux 170 calories, et repasser – la tâche la plus inutile de toutes – 150 calories par heure. Mais, d'un autre côté, pourquoi lui donner raison ?

CULTIVEZ VOTRE JARDIN. Le vrai jardinage ressemble trop à du travail : engagez un jeune homme musclé que vous regarderez biner derrière vos rideaux. Les balades dans votre jardin, où vous admirerez les jolies fleurs que d'autres auront fait pousser pour vous, comptent aussi comme exercice. Tout comme votre après-midi oisif ou le temps précieux passé à parfaire votre bronzage seront d'honnêtes passe-temps aux yeux de Marichéri.

SEXE, SEXE, SEXE. Les magazines féminins ne cessent de le répéter. Dormir ne fait perdre que 60 calories par heure. Gardez ça en tête quand vous irez vous coucher ce soir.

DÉPENSEZ À EN PERDRE HALEINE (OU DU POIDS). Oubliez qu'il faut vivre plus longtemps, augmenter son estime de soi, se sentir heureux ou avoir plus d'énergie, et focalisez-vous sur vos besoins matériels immédiats. Fixez-vous un objectif réaliste – j'imagine que je suis nommée aux Oscars et qu'il me faut une tenue qui va avec Leonardo DiCaprio – puis arpentez le centre commercial jusqu'à ce que, tellement frustrée de ne rien trouver, vous tombiez dans les pommes.

CHECKLIST

Excuses pour ne pas faire de gym

Si gémir « Je veux pas y aller » en tapant du pied vous attire les regards lourds de reproches des bien-pensants, essayez ces quelques excuses infaillibles :

- Mon corps a déjà « ovulation » cette semaine.
- J'ai peur d'attraper des microbes sur les tapis.
- Je constate l'absence de résultats immédiats – la liposuccion, c'est sûrement plus efficace, non ?
- Je suis allergique à l'eau de toilette de mon coach.
- Je ne veux pas louper la réunion des anciens du lycée l'année prochaine.
- J'ai peur de me casser quelque chose (les pieds).
- J'ai une contre-indication religieuse au yoga.
- Je suis trop distraite par les muscles saillants des mâles.
- Mon décolleté a l'air banal dans cette brassière.
- Les flexions me dégoûtent.
- Je trouve humiliant de se mettre à quatre pattes.
- Je préfère me faire un ado que des abdos.
- Je me félicite encore de mes efforts de la semaine dernière.

Pourquoi détestez-vous la gym ?

Si vous commencez la semaine pleine de bonnes intentions qui ne dureront pas, trouver ce qui vous empêche de faire du sport vous aidera à surmonter le problème. Ou au moins à vous donner une bonne excuse quand vous expliquerez aux autres pourquoi vous ne pouvez pas venir au cours vendredi prochain.

1. Décrivez votre samedi soir idéal :

A) Regarder des redifs d'*Absolutely Fabulous* blottie contre votre homme – qui ne s'en plaint même pas.
B) Descendre des cocktails et rencontrer des gens importants.
C) Aller vous coucher tôt avec votre homme...
D) Un dîner de huit plats dans le dernier restaurant tendance.

2. Vous en avez un, admettez-le : quel est votre but ultime en matière de fitness ?

A) Que vos abdos se raffermissent mystérieusement, tout seuls.
B) Que Kate Moss ait l'air grosse à côté de vous.
C) Devenir si souple que vous puissiez mettre vos jambes derrière la tête.
D) Pouvoir manger tout ce qui existe, deux fois, sans conséquences.

3. Votre médecin vous annonce que si vous ne faites pas trente minutes de cardio par jour, vous allez mourir. Des propositions suivantes, laquelle n'est pas pire que la mort ?

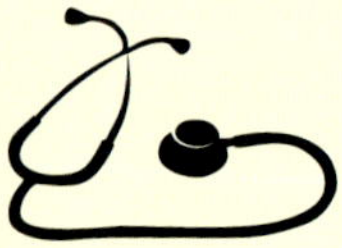

A) Une petite balade, suivie de trois heures de sieste – le sommeil fait brûler des calories et doit donc être compté comme un exercice.
B) Une marche sportive avenue Montaigne dans des escarpins avec des talons de douze centimètres.
C) Une soirée passée à travailler le Kama Sutra avec votre homme.
D) Écraser des pommes de terre avec enthousiasme.

4. **Quand avez-vous été en nage pour la dernière fois ?**

A) En présentant votre mémoire de sciences sociales à la fac.
B) Vous ne suez pas ; vous luisez.
C) La nuit dernière (vous savez de quoi je parle).
D) Heu, l'hyperglycémie, ça compte ?

5. **La pétasse du club de gym insiste pour que vous preniez un cours de fitness. Que choisissez-vous ?**

A) La méditation. Respirer, ce n'est pas trop mauvais... enfin, vous croyez...
B) Le kickboxing. C'est tendance, interactif, et si vous devez régler son compte à quelqu'un, vous saurez comment faire.
C) La salsa. C'est plus qu'une danse. Presque des préliminaires.
D) La cuisine. Si vous tenez tout le cours en fouettant comme une dominatrice, ça comptera.

Vos résultats

Maximum de A. La paresse entrave votre route vers la forme physique. Au moins, vous aurez votre compte de sommeil. Envisagez de prendre la voie rapide de la chirurgie.
Maximum de B. Votre splendeur vous guide tout naturellement loin des suées du peuple. Cependant la graisse n'a rien de fabuleux, alors faites comme les stars : jeûnez.
Maximum de C. Heureusement, votre passe-temps préféré vous fait brûler des calories. Votre homme aussi en aurait bien besoin.
Maximum de D. Que serait la décadence sans gourmandise ? Même s'il est temps de commencer à vous entraîner... à la restriction.

CHAPITRE 3

L'art perdu de l'oisiveté

15 h 00–17 h 30

L'art perdu de l'oisiveté

S'ENNUYER, c'est pour les gens ennuyeux, et s'il y a bien une chose qui figure dans votre casier judiciaire, c'est que vous n'êtes pas ennuyeuse ! (Ni sensible aux lois en vigueur.) L'oisiveté est un art qui se pratique et qui se perfectionne ; entre vos balades vivifiantes et faire traîner les choses en longueur, vous avez à peine le temps d'aller chez le coiffeur ou chez la voyante.

Astuce pour un petit plus de décadence !

Ne vous plaignez jamais, non jamais, à Marichéri que vous vous ennuyez. Vous êtes toujours submergée de choses très importantes à faire, et donc incapable de passer au pressing. En fait, il perd même son temps à vous le demander.

CHECKLIST

Une pièce (décadente) rien qu'à vous

Pour parvenir à un niveau acceptable d'oisiveté, vous devez avoir un espace spécialement dédié à cette tâche. Emparez-vous de la carte bleue de votre tendre et cher – vous, vous prendrez en charge ce qui est gratuit (on appelle ça la « parité ») –, car vous aurez besoin des objets suivants :

- ◌ Un canapé luxueux avec un million de coussins assortis.
- ◌ Une lampe d'ambiance.
- ◌ Un bureau et un vague projet de livre en tête.
- ◌ Un sens exacerbé de la revendication.
- ◌ Une collection de menus de plats à emporter.
- ◌ Un tapis en fourrure d'animal en voie d'extinction.
- ◌ Un bouquet de fleurs tropicales fraîchement coupées et horriblement chères.
- ◌ Une jardinière pour faire pousser des plantes douteuses.
- ◌ De la peinture, des toiles et des pinceaux.
- ◌ Du papier pour origami, des aiguilles à tricoter et un kit de scrapbooking.
- ◌ Une bibliothèque de livres féministes.
- ◌ Une pile de magazines de mode.
- ◌ Une masseuse personnelle.
- ◌ Une télévision à écran plat fixée au mur (sans les chaînes de sport).
- ◌ Le câble, avec Téva et Cuisine TV.
- ◌ Un planning de programmes télé quotidiens.
- ◌ Un minifrigo avec des amuse-gueules et du dom pérignon.
- ◌ Une aversion totale pour la culpabilité sous toutes ses formes.
- ◌ Un miroir amincissant bien placé.
- ◌ Un après-midi libre de tout engagement.

Trucs et machins pour le ménage

QUE LA FEMME de ménage – ou l'homme à tout faire que vous avez secrètement engagé pour laver les vitres – vienne ou pas cette semaine, il est important de savoir identifier le matériel de base.

Tapis dans un placard au fin fond du couloir, même si vous nourrissez l'espoir de ne jamais en faire usage, savoir reconnaître tous ces trucs bizarres est fondamental. Si votre homme vous interrogeait, ne pas faire la différence entre un fer à repasser et un mixeur aurait des conséquences désastreuses sur votre vie.

Appareil mystère	Usage officiel par les vraies ménagères	Pourquoi vous n'en avez pas besoin	Alternative décadente
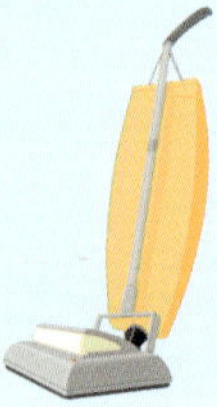	Aspiration sauvage de la poussière et stockage.	Les bruits intempestifs troublent votre tempérament fragile.	Branchez-le pour faire semblant tout en faisant un sudoku avec des boules Quies.
	Version manuelle brute du susdit.	Parce que vous faites semblant d'utiliser l'aspirateur.	Volez en rond les nuits de pleine lune.
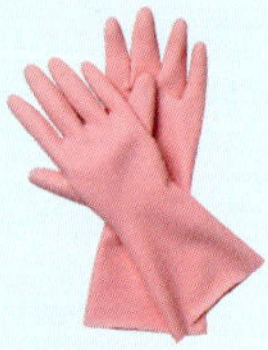	Laver la vaisselle et prolonger votre manucure.	Trop occupée à vous faire faire ladite manucure.	Le dieu de l'électro-ménager : le lave-vaisselle.

Appareil mystère	Usage officiel par les vraies ménagères	Pourquoi vous n'en avez pas besoin	Alternative décadente
	Redistribution des particules dans l'air.	Allergie invalidante à la poussière.	Accessoire titillant pour les préliminaires
	Débarrasser toutes les surfaces de leurs germes.	Les bactéries sont vos amies.	Soyez la blonde la plus blonde qui ait jamais existé.
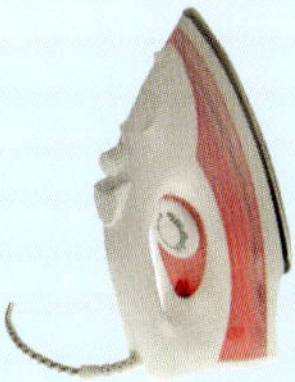	Enlever les anomalies disgracieuses des vieux vêtements de votre mari.	Votre mari ne vous confie plus les chemises qui lui restent.	Enlever les maris disgracieux de votre goût anormal pour les nouveaux vêtements.
	Frotter les sols avec vigueur.	Vous venez juste de finir l'huile de coude.	La troisième étape d'une pédicure élaborée.
	Frotter les toilettes avec vigueur.	Un dégoût pur et simple.	Donnez-lui la corvée des toilettes en échange de gâteries au lit.

Le « petit ménage »

IL EST POSSIBLE que votre Marichéri, rétrograde comme il est, considère le ménage comme votre « boulot ». Voici le moment de lui expliquer vos droits de femme libérée et de lui dire que le « boulot » c'est pour les imbéciles et que c'est pour ça que vous n'en avez pas.

Cela dit, s'il n'y a rien de mal à flâner dans son propre foutoir toute la journée, garder un certain niveau de propreté entre les venues de la femme de ménage est primordial. Cela s'appelle le « petit ménage », et vous êtes sur le point d'en devenir une experte.

LA CUISINE. Commencez par la cuisine (c'est la pièce avec la nourriture) ; si c'est la seule pièce que vous réussissiez à nettoyer de la journée, c'est déjà bien. Tout d'abord, ce que vous ne voulez pas manger doit être jeté, ainsi que tous les plats trop sales pour être mis au lave-vaisselle. Je ne vois pas pourquoi vous auriez utilisé une cocotte, mais si vous avez été assez courageuse/idiote pour le faire, il est de l'obligation légale de Marichéri de la nettoyer, étant donné tous les efforts culinaires que vous avez accomplis. Ou alors achetez-en une nouvelle. Mettez la vaisselle restante dans l'évier. Recouvrez l'évier d'un torchon.

ASPIRATEUR. En général, on n'aspire pas à le passer. Imaginez-vous en train de tirer cette énorme machine à poussière rugissante, puis pensez à investir dans du parquet. Pour les sols avec tapis, procédez ainsi : soulevez le tapis, secouez la poussière et tout ce qui s'y est accumulé, entassez le tout dans un coin, recouvrez la pile avec le tapis. C'est fini.

Astuce pour un petit plus de décadence !

Investissez dans un parfum d'ambiance. Si vous n'avez pas fait le ménage aujourd'hui, alors pourquoi ça sent aussi bon ici ?

LES TOILETTES. Si la cuisine ne vous a pas suffi, attaquez-vous aux toilettes. Les habitudes dégoûtantes auxquelles on s'y livre concernent les deux sexes, et elles sont le foyer de toutes sortes de mystérieuses créatures minuscules. Heureusement, des grandes sociétés – des pervers, très probablement – ont inventé plein de produits chimiques pour éradiquer à coup sûr les bactéries, et vos neurones avec. Vaporisez généreusement lesdits produits, allez faire une grande balade et restez dans votre boudoir le reste de l'après-midi.

LA LESSIVE. Une tâche redoutée mais malheureusement indispensable. À moins d'acheter sans cesse de nouveaux vêtements (gloire à vous !) ou de réussir à passer la journée sans renverser de vodka à la cerise sur votre bas de pyjama (voir « Enlever les taches », page 78), vous êtes obligée de faire la lessive (sauf si vous vivez nue). Voici une astuce simple, mais pas raciste : le blanc et les couleurs. Divisez le linge en deux tas, ajoutez une quantité de lessive proportionnelle au degré de saleté et appuyez sur le bouton.

LE « GRAND MÉNAGE ». Ironie du sort, le « petit ménage » ne fonctionne que s'il est accompagné d'un « grand ménage » régulier. Cependant, cela ne veut pas dire que vous devez le faire toute seule. Arrangez-vous pour déléguer à un professionnel le soin de remettre de l'ordre dans votre foutoir – si possible un beau gosse musclé en tablier qui ira traquer la poussière là où il faut.

Rendez-vous de l'après-midi

UN APRÈS-MIDI de détente n'est pas complet sans un rendez-vous agréable mais impératif (jamais deux, inutile d'être submergée). Profitez d'un soin médical subventionné (c'est Marichéri qui paye de toute façon) et faites-vous bichonner l'esprit et le corps grâce à des rendez-vous réguliers chez différents professionnels, selon vos besoins. En puis, si on compte le temps passé à prendre rendez-vous, à vous pomponner et à vous y rendre à pied, ça vous prendra bien toute la journée.

LE MÉDECIN. Il faudra peut-être plusieurs rendez-vous chez différents praticiens avant de trouver celui qui vous convient – de préférence un sosie du Dr Mamour.

LE GYNÉCOLOGUE. Bien que de nombreuses femmes détestent ça, profitez de l'attention qu'on vous accorde !

LA MASSEUSE. Vous avez une vie stressante, et la matinée a été pénible, vous méritez une petite pause.

LE COIFFEUR. Changez de couleur de cheveux et de coiffure au moins une fois par mois, comme une espionne.

L'ÉPILATION DU MAILLOT. C'est une bonne douleur. De toute façon, il faut bien y passer.

LA DIÉTÉTICIENNE. Vous pensiez que tremper des bouts de fromage dans du chocolat chaud, c'était bon pour la santé ? Eh bien c'est faux. Payez quelqu'un qui vous le dira en face.

LE COACH PERSONNEL. Vous pourrez passer outre les conseils de la diététicienne et vous gaver de nouveau de fromage ce soir.

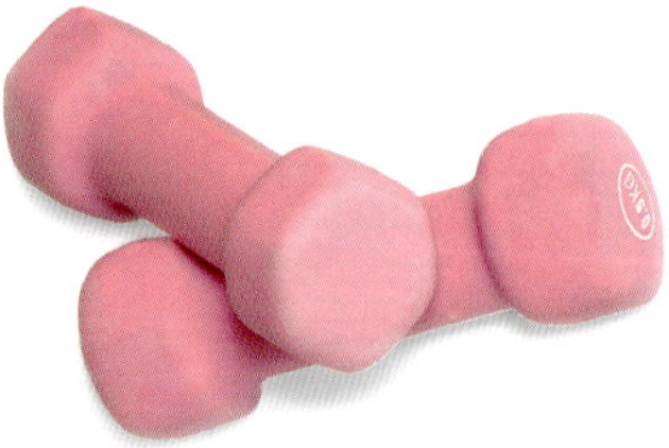

LA MANUCURE. Parce que, à chaque fois que vous vous cassez un ongle, une fée meurt quelque part. Ou un truc dans le genre...

LA PÉDICURE. Peut se faire en même temps que la susdite, mais ce serait perdre une bonne occasion de double session de dorlotage. Pourquoi faire de deux pierres un coup ?

LE CHIRUGIEN ESTHÉTIQUE. Ne pleurez pas : une petite injection de Botox atténuera vos pattes-d'oie. Et si ça ne marche pas, un petit lifting des paupières stoppera carrément vos larmes.

LE PSY. Si faire semblant d'être maniaco-dépressive vous permet de parler de vous pendant une heure sans interruption, alors le divan est fait pour vous.

LE DENTISTE. Parce que utiliser du fil dentaire c'est dégoûtant, et que vous préférez payer ce qu'il faut.

LA VOYANTE. Parce que, sinon, comment savoir ce que vous réserve le reste de la journée ?

Où irez-vous aujourd'hui ?

MAINTENANT que la maison est « propre », vous pouvez choisir ce que vous allez faire. Ne rien faire est toujours une option,

Commencez ici

Quel est votre degré d'intérêt pour le monde extérieur ?

Élevé : vous adorez les relations humaines

Êtes-vous prête à payer pour un peu de compagnie ?

Non ; vous êtes votre meilleure compagnie

Si nécessaire

Vous attendez de voir sur place

Depuis combien de temps n'êtes-vous pas sortie de chez vous ?

Longtemps : vous ne savez plus en quelle saison on est

Compagnie masculine ou féminine ?

Masculine, toujours masculine

Avez-vous fait du sport ?

Féminine : nous sommes plus intelligentes

Plus d'une journée, moins qu'un cycle

Vous avez faim ?

Manger, c'est pour les faibles

Toujours !

Juste à un niveau cellulaire

Oui, et vous mourez de faim

Qu'est-ce qui vous nourrit le plus ?

Le savoir

Savez-vous qui est président ?

Les plaisirs matériels

Non, mais vous aimeriez bien

Non, mais vous demanderez pendant le repas

Du vrai manger

À LA BIBLIOTHÈQUE
Il doit bien y avoir un bouquin là-dessus...

AU CLUB DE GYM
Reconnaissez-le, vous en avez besoin.

BRUNCHER... ENCORE
On apprécie mieux la deuxième fois !

et face à toutes les options qui s'offrent à vous, vous commencez à ressentir la pression de l'oisiveté. Alors ne croulez pas sous le poids de l'indécision et suivez le tableau suivant :

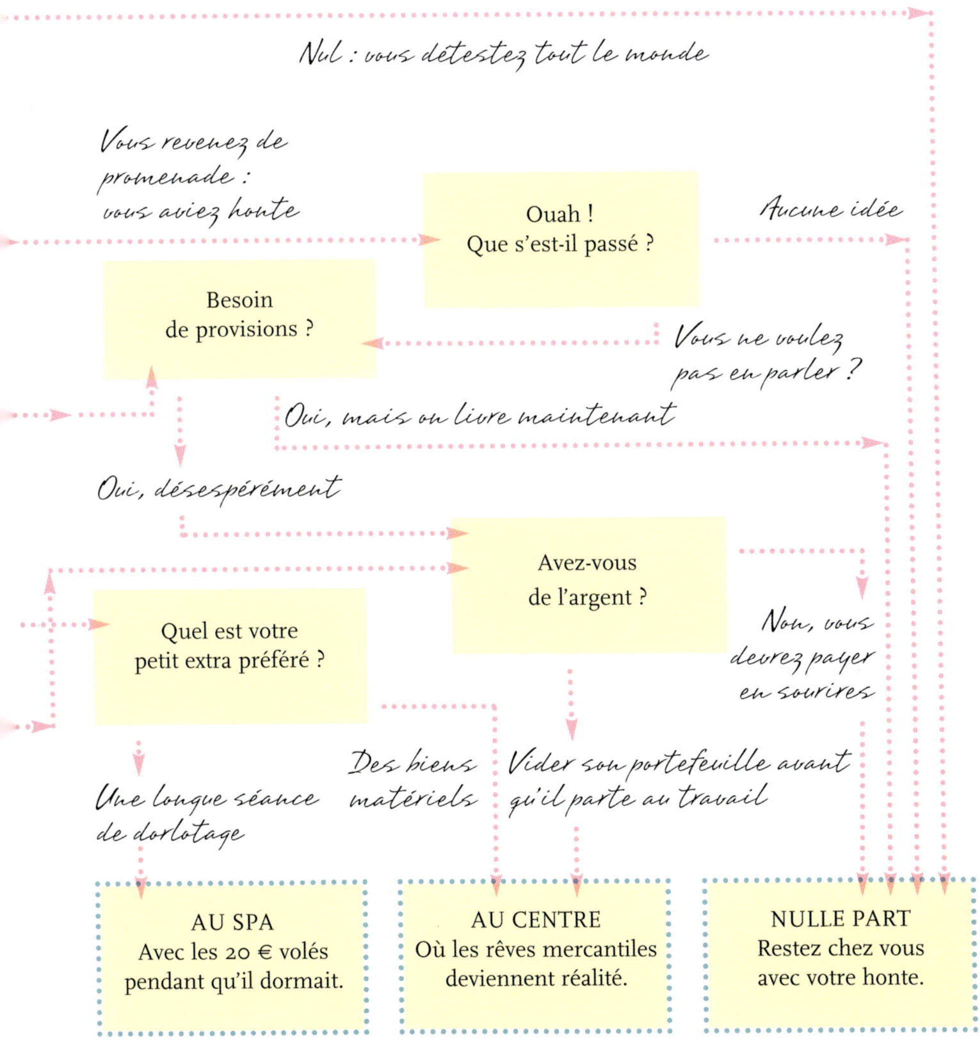

Conseils de cours classieux

NE VOUS INQUIÉTEZ PAS. Rien à voir avec le cauchemar de la cloche qui sonne à 8 h 30. Ces cours sont amusants et inratables (même si on peut quand même vous virer). Et si vous tombez amoureuse du prof, personne n'appellera la police. Pan dans ta face, le lycée !

ATELIER FLORAL. Un cours méconnu et pourtant idéal, composé de jolies fleurs et de sourires. En plus, vous pouvez garder le bouquet et faire semblant de l'avoir acheté, parce que c'est triste que votre chéri ne vous achète plus jamais de fleurs.

PIANO/VIOLON/FLÛTE. Chacun sait que la prédisposition pour la musique est un don précieux, mais attention : apprendre à jouer d'un instrument est à la fois difficile et ennuyeux. Ne prenez qu'un cours de chaque instrument et laissez tomber.

AUTODÉFENSE. Qu'y a-t-il de mieux que d'apprendre à être autonome ? Apprendre à botter les fesses de son petit ami.

COURS DE DESSIN. Que vous ayez un don pour la nature morte ou le portrait, vos dessins pourris seront hors d'atteinte de toute critique et vous aideront à ne pas voir passer l'après-midi. En plus, vous pourrez les offrir à des gens trop polis pour les refuser.

BRODERIE/TRICOT/PATCHWORK. Être assise au milieu de vieilles peaux au cul plus serré que le tricot vous donnera peut-être l'impression d'être piégée au royaume des Parques, mais je vous rassure, ces vieilles biques sont plus cochonnes que vous.

DANSE CLASSIQUE (OU DE SALON, OU CLAQUETTES). Ça tue le temps et les calories ! Les cours de danse ne sont plus les cours de torture de votre jeunesse. Surtout si vous êtes la plus mince du cours.

LES ALCOOLIQUES ANONYMES. Si vous vous soûlez avec une amie avant, ce sera beaucoup plus drôle.

PHOTOGRAPHIE. Réjouissez-vous, les coquines ! Développer vous-mêmes vos photos sera votre revanche sur le regard réprobateur des professionnels. Les fascistes.

ALLEMAND (OU ESPAGNOL, OU ITALIEN). Si votre allemand se limite à *Wollen Sie schlafen mit mir ?* suivi d'un clin d'œil aviné, il est temps d'épousseter votre vieux dictionnaire. Et cette fois, oubliez la conjugaison et limitez-vous aux gros mots. *Ja wohl, scheisse !*

CUISINE. Je sais ce que vous pensez. Mais au moins vous pourrez dire que vous avez essayé.

YOGA/PILATES. Si vous arrivez à supporter le pseudo-bouddhisme, à ignorer le Bouddha en polystyrène à l'entrée, tout en vous concentrant sur vos abdos en même temps, ces cours compteront double.

DANSE DU VENTRE/POLE DANCE. Le yoga ne vous met pas dans l'ambiance ? Voici une excuse de cochonne pour devenir encore plus cochonne.

MAQUILLAGE. Si ces cours n'existent pas dans votre quartier, la meilleure solution sera d'organiser votre propre cours. Vous pourrez ainsi maquiller à la truelle la première fille qui vous tombe sous la main.

CLUB DE LECTURE. Si vous vous ennuyez déjà, envisagez de créer le vôtre. Sujet de la semaine : une critique imbibée de champagne du *Cosmo* de ce mois.

DÉVELOPPEMENT PERSONNEL. Vous trouverez une tonne de livres sur le développement personnel, tous plus ou moins légitimes. À chacun correspond son groupe de barjos, qui vous vantera les mérites de sa méthode tout en scandant des mantras.

CARTO-/ONIRO-/CHIROMANCIE. Affinez vos pouvoirs de sorcière grâce à la bonne vieille interprétation d'aura. Je vois dans votre avenir un homme terrifié.

INFORMATIQUE. Je plaisante ; vous n'êtes pas un robot.

Quel genre d'artiste refoulée êtes-vous ?

Si vous voulez choisir la meilleure activité pour occuper vos après-midi (ne vous inquiétez pas, ça n'est pas aussi épuisant que ça en a l'air), commencez par découvrir dans quel genre vous excellez – ou auriez excellé si quelqu'un s'était intéressé à vous dans votre prime jeunesse.

1. Décrivez vos productions artistiques, que vos idiots de parents ont préféré ignorer.

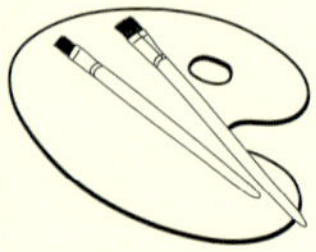

A) D'innombrables dessins au crayon de Leonardo DiCaprio.
B) Des cassettes audio de vos performances de batteuse sur les casseroles de la cuisine.
C) Une robe en papier cadeau et en Scotch.
D) Vous, allongée par terre, jusqu'à ce qu'on vous achète une glace.

2. Pourquoi vous a-t-on si injustement renvoyée des Beaux-Arts ?

A) Parce que la société n'a pas su reconnaître votre génie (exactement comme pour Van Gogh).
B) Parce que vous ne croyiez pas en la clé de sol.
C) Parce que vos collages faits à partir de magazines de mode ne vous ont pas apporté la reconnaissance de vos pairs.
D) Parce qu'on vous a dit que poser nue, ce n'était pas de l'art.

3. Défi artistique : on vous présente un tas de boutons, qu'en faites-vous ?

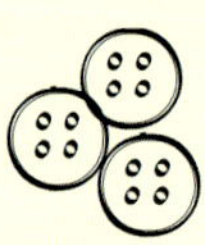

A) Vous les collez au hasard sur les murs en un chaos postmoderne.
B) Vous les attachez sur du fil dentaire pour faire un joli carillon éolien.
C) Vous les collez sur un vieux vase et allez acheter des fleurs.
D) Vous les avalez et attendez de voir ce qui se passe.

4. **Bonne nouvelle, Marichéri ! Vous organisez une soirée sur le thème de l'art. Qui invitez-vous ?**

A) Les élèves les moins doués de votre cours de peinture : grâce à eux, vous vous sentez plus sûre de vous.

B) Un groupe ringard spécialisé en reprises des Stones, qui vous laisse jouer du triangle si vous répondez au nom de « groupie ».

C) Les veuves joyeuses de votre club de tricot.

D) Un groupe légèrement excentrique rencontré sur le Net, venu dans la plus grande confidentialité.

5. **Votre psy vous demande de représenter artistiquement votre état d'esprit. Que faites-vous ?**

A) Une représentation de votre main avec le majeur en l'air.

B) Vous hurlez une reprise de *Je t'aime* de Lara Fabian, en remplaçant le *t'* par *m'*.

C) Vous vous enveloppez dans une couverture au crochet, et vous poussez des cris.

D) Vous arrêtez de vous doucher et vous insistez pour dormir dans un carton.

Vos résultats

Maximum de A. Artiste visuelle : votre génie s'exprime dans l'art visuel. Commencez par appliquer de la peinture avec enthousiasme sur des surfaces choisies au hasard. Le talent, c'est totalement surfait, de toute façon.

Maximum de B. Musicien new wave : vous vous destinez clairement au statut de superstar de la musique. Si seulement vous saviez chanter juste...

Maximum de C. Accro aux activités manuelles. Vous adorez tout faire vous-même, avouez-le.

Maximum de D. Performeuse invétérée : votre vie n'est qu'art ! Surtout pas de modération !

« ALLONGEMENT DU TEMPS DE *NON*-TRAVAIL »

Introduction (pas-si-courte-que-ça)

Comme celui des gens normaux, votre quotidien est rempli de choses à faire. Il y a les choses à déposer et celles à aller chercher, les choses à vendre ou à acheter, les choses à réparer ou à utiliser. La plupart des gens casent ces désagréments mineurs pendant les pauses-déjeuner ou après le travail, causant ainsi des désagréments majeurs. Il est en effet impossible de tout faire correctement en si peu de temps.

Une femme au foyer sait que savoir prendre son temps, c'est important. Qu'il s'agisse de rendre un livre à la bibliothèque ou d'acheter une carte d'anniversaire (ça peut prendre des semaines), elle fait traîner les choses en longueur, tout en les menant à bien et en les parsemant généreusement d'épisodes divertissants. D'autant plus que tout cela fournit la justification d'un repos bien mérité le lendemain. Prenons un exemple.

« LEÇON D'ATN »

Cas d'étude

La situation : Marichéri vous a demandé d'acheter une bouteille de vin pour le dîner chez ses collègues. Comme vous adorez le vin et les hommes d'affaires, vous avez joyeusement accepté.

✗ LA SOLUTION « FACILE »

Étape n° 1. Allez acheter une bouteille à l'épicerie du coin.

✓ LA SOLUTION « DÉCADENTE »

Étape n° 1. Tout d'abord, appelez l'hôtesse qui vous reçoit ce soir et invitez-la à déjeuner. Téléphonez à votre mari : ça lui montrera les efforts que vous faites pour vous intéresser à sa profession mystérieuse... et ennuyeuse.

Étape n° 2. Renseignez-vous sur les amuse-gueules prévus afin de choisir le vin le plus approprié. Testez-en plusieurs au déjeuner.

Étape n° 3. Allez à la librairie, achetez un livre sur les accords entre les mets et les vins. Lisez le livre au parc en lézardant au soleil. Prenez des notes .

Étape n° 4. Allez chez le caviste du coin et demandez à parler au directeur. Insistez sur l'importance de la soirée, et de vous-même. Flirtez avec le directeur afin d'avoir des échantillons de grands crus. Enregistrez les sélections sous forme de graphique, demandez à réfléchir. Au lieu de quoi, passez le reste de l'après-midi à essayer des robes au centre commercial.

Étape n° 5. Rentrez sans vous presser, versez-vous un verre de vin. Trois verres plus tard, rappelez-vous que vous êtes censée acheter du vin. Tapez « livraison de vin à domicile » sur Google, et laissez-vous distraire par des tests de personnalité. Apprenez ce que signifie votre nom.

Étape n° 6. Interrompez la réunion de votre mari. Expliquez-lui avec hystérie que vous avez eu une journée de folie, que vous êtes une femme très débordée et combien vous êtes jolie dans votre nouvelle robe. Suggérez-lui d'acheter une bouteille en rentrant à la maison.

CHAPITRE 4

Cinq à Sept

17 h 30–19 h 30

Cinq à Sept

BONNE NOUVELLE ! Voici le moment officiel de célébrer la fin de votre dure journée de labeur (c'est la première fois de la journée que vous vous servez un verre, juré). Et ce moment de bonheur n'est-il pas encore plus jouissif quand on n'a pas à bosser toute la journée ? Alors virez le voisin (car votre mari va bientôt arriver) et faites entrer vos amis. Il est temps de s'amuser un peu.

CHECKLIST
Méditation décadente

Alors que la journée de « travail » est sur le point de se terminer, réfléchissez à tout ce que vous avez fait aujourd'hui. Bien que l'introspection (et sa saleté de cousin, le self-control) soit l'ennemi juré de l'insouciance, un peu de méditation sur cette journée écoulée vous aidera à justifier votre existence et à envisager tendrement l'indolence du lendemain. Servez-vous donc quelque chose de fort en vous demandant : « Ai-je été assez décadente aujourd'hui ? »

Est-ce que...

- ◌ J'ai admiré mon talent inné à poser devant le miroir ?
- ◌ J'ai sérieusement pensé à faire du mannequinat ?
- ◌ J'ai plutôt décidé de rester à la maison avec les enfants ?
- ◌ Je me suis souvenue que les enfants, c'est dégueu, et est-ce que j'ai bien pris ma pilule ?
- ◌ J'ai mangé une biscotte sur *son* côté du lit ?
- ◌ J'ai fait cinq minutes de gym soft ?
- ◌ J'ai passé trois bons quarts d'heure avec une masseuse ?
- ◌ Je me suis fait les ongles, détesté la couleur, et recommencé ?
- ◌ J'ai pris un bain ce matin, ce midi et ce soir avec des savons aux parfums différents ?
- ◌ J'ai filtré mes appels toute la journée afin que les gens sachent que je suis une personne importante ?
- ◌ J'ai regardé un épisode complet de *Sex and the City* ?
- ◌ J'ai ingéré une substance mystérieuse ?
- ◌ J'ai harcelé Marichéri à propos d'une « urgence » ?
- ◌ Je l'ai dérangé au travail pour m'excuser et blâmer les hormones ?
- ◌ J'ai bu une bouteille de vin, comme les médecins recommandent de le faire ?

Pouvez-vous comprendre ?

Vous savez ce que c'est : Marichéri rentre à la maison avec un gros nuage noir au-dessus de la tête. Il a eu une journée vraiment pénible. Alors que vous faites de votre mieux pour feindre un quelconque intérêt, il vous interrompt et murmure : « Tu ne peux pas comprendre. » Qu'est-ce qu'il vient de dire, là ? À vous de jouer.

1. Comment lui répondez-vous ?

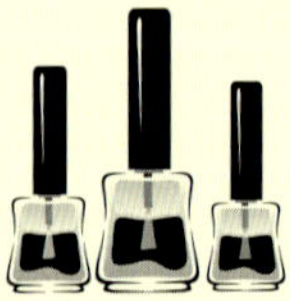

A) Dites-lui poliment que le sarcasme est la forme d'humour la plus vile, et que c'est pour ça que c'est vous, le cerveau de la maison.
B) Engueulez-le. Il ne se rend pas compte du nombre de couches de vernis que vous avez dû mettre pour être si belle.
C) Laissez tomber et servez-vous un autre martini.
D) Embrassez-le dans le cou et demandez-lui de vous expliquer.

2. Ça va durer encore longtemps ? Il devient intarissable sur son horrible patron.

A) Suggérez-lui de raconter ça à sa mère et d'être un homme, un vrai.
B) En parlant d'hommes, de vrais, posez-lui des questions sur son patron. Il a quel âge, déjà ?
C) Dites-lui que vous avez commandé un repas fin avec sa carte bleue et que ça va bientôt arriver.
D) Hochez la tête avec compréhension en le regardant de façon très suggestive.

3. Même problème qu'à la question 2, mais ce n'est toujours pas fini. À quoi pensez-vous pendant qu'il parle ?

A) Aux animatrices télé. Heureusement qu'elles sont là pour vous emplir le cerveau de pensées profondes.
B) À la chance que vous avez de ne pas travailler.
C) Votre peau est vraiment splendide vue dans le blanc de ses yeux.
D) À rien de tout ça ; vous pensez à ce qu'il dit.

4. **Zut ! Il a un air bizarre et les événements prennent une tournure affreusement émotionnelle. Comment gérer la situation ?**

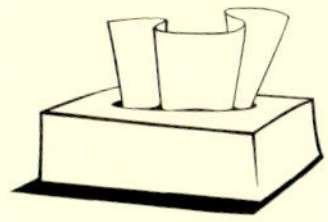

A) Demandez-lui pourquoi son sourire est à l'envers.
B) Interrompez le festival des larmes pour lui dire qu'on remarque plus ses rides quand il pleure.
C) Vantez-vous de ne pas avoir de rides, Dieu merci.
D) Mettez sa tête dans votre décolleté et consolez-le.

5. **On dirait que ses jérémiades ont enfin cessé. Voici le moment de :**

A) Lui dire que l'émission de Dechavanne d'aujourd'hui était géniale ; rejouez-la devant lui.
B) Lui rappeler comme c'est drôle que vous n'ayez jamais su garder un boulot depuis vos débuts de baby-sitteuse.
C) Lui expliquer que le feu dans la cuisine cet après-midi n'était pas du tout votre faute et que par conséquent vous ne payerez rien.
D) Le surprendre avec une bonne nouvelle : vous lui organisez une soirée… maintenant !

Vos résultats

Un maximum de A, B ou C. FAUX ! Continuez encore comme ça et vous allez le faire exploser. Même si des moments de ce genre vous ennuient et vous font perdre votre temps, le bonheur conjugal (et un accès continu à sa carte de crédit) exige que vous preniez soin de votre homme.

Un maximum de D. C'est bien, ma chérie, bon travail ! Vous savez flatter, flirter et montrer vos seins quand il faut pour maintenir la paix dans votre foyer.

Qu'est-ce que tu as fait aujourd'hui ?

OH NON, pas cette question... Marichéri est rentré et, statistiquement, il est déjà en colère. Une mauvaise réponse, et adieu les soirées insouciantes et détendues préconisées par les femmes au foyer du monde entier.

Ce qu'il ne faut pas dire ? La vérité. Il est sûr et certain que Marichéri ne saura ni reconnaître ni apprécier tout ce que vous avez accompli dans la journée (votre look impeccable, par exemple, est une réussite en soi). Il est fort possible que vos achats le mettent en rogne et qu'il méprise votre conception du mot « nécessaire ». Qu'il désapprouve les gens que vous avez côtoyés et qu'il ait des soupçons sur l'homme caché dans le placard de l'entrée. La vérité, voyez-vous, peut être simplement trop décadente pour lui.

Ce qu'il ne faut pas dire non plus ? « Rien. » Cette réponse lourde de ressentiment pourrait rapidement lui suggérer que votre style de vie est injuste, insignifiant ou ne mérite pas toutes ces dépenses.

Étant donné qu'une femme au foyer doit toujours entretenir le mystère, la réponse correcte devra être évasive et énigmatique. Dites que vous êtes « sortie », que vous aviez « besoin de trucs», ou que vous avez « réfléchi ». Mais quoi que vous disiez, mettez d'abord de l'ordre dans votre maison – et dans vos idées.

CHECKLIST

Un alibi parfait

- **ÔTEZ** votre peignoir et enfilez une tenue époustouflante.
- **NE DITES PAS** pourquoi vous vous êtes habillée de manière aussi flamboyante. (Il croit toujours que vous faites du bénévolat auprès de petits orphelins.)
- **REMPLACEZ** les menus des restaurants qui livrent à domicile par *Le Monde*.
- **NE PARLEZ PAS** de ce nouveau déshabillé hors de prix que vous avez acheté avec sa carte bleue. Une fois qu'il vous aura vue dedans, il ne pourra plus dire que c'était trop cher.
- **INVENTEZ** un projet (scénario de film, expression corporelle, découverte de formule mathématique) qui vous a pris tout votre temps et votre énergie.
- **PRÉTEXTEZ** n'importe quoi et quittez la pièce s'il vous pose des questions sur votre « projet ».
- **NE RÉPONDEZ PAS** au téléphone de toute la journée, ainsi vous aurez l'air occupé.
- **LAISSEZ** des messages paniqués sur son répondeur à propos de votre niveau de stress, de votre manque de temps et de votre incapacité à faire à manger ce soir. Ou demain.
- **N'OUBLIEZ PAS** de quitter *Secret Story* et de mettre LCI avant qu'il rentre.

Jours de fête

PAS BESOIN d'occasion spéciale pour faire la fête, mais quand la décadence se transforme en démesure, il est possible que vous ayez à vous justifier auprès de votre pourvoyeur de fonds ou de votre agent de probation. Heureusement, voici des explications qui feront l'affaire.

VOTRE NON-ANNIVERSAIRE. Comme rien ni personne ne peut vous faire vieillir et que boire du sang fait des miracles sur votre teint, pourquoi ne pas organiser une fête de joyeux non-anniversaire afin de célébrer votre jeunesse éternelle ? Bloody Mary pour tout le monde. Un très bon prétexte valable tous les jours de l'année sauf un.

LA FINALE DE LA COUPE DE LA LIGUE. Tant pis pour Marichéri : vous réquisitionnez l'écran plat pour un marathon de vingt-quatre heures de mauvaises comédies romantiques. Pas de chips, pas de bière et pas de « tirs au but ».

LE SOLSTICE D'ÉTÉ. C'est le moment d'invoquer les éléments, mes amies sorcières ! Le jour le plus long de l'année mérite une fête. C'est aussi l'occasion rêvée de se mettre nue et de jeter des sorts à tous ceux que vous détestiez au lycée.

LA RENTRÉE DES CLASSES. Que du bonheur : non seulement vous n'aurez plus à supporter les enfants pendant la journée, mais en plus vous pourrez savourer le plaisir de savoir que, pour vous, c'est terminé de se lever tôt pour aller à l'école.

HALLOWEEN. Tout simplement la meilleure fête religieuse jamais inventée. Halloween est votre passeport pour le péché et la débauche et, en plus, vous pouvez vous déguiser en petit lapin sexy. Sinon, pourquoi avoir ce déguisement dans votre placard ?

LE 1er MAI. Pour vous, la fête du Travail c'est tous les jours parce que vous ne croyez pas aux valeurs du travail.

Soirées jeux pour filles en folie

JE SAIS ce que vous pensez : les nuls qui ne vont jamais à ce genre de soirées croient tous que l'on y passe la nuit à faire des jeux de société. C'est souvent vrai, et il n'y a rien de drôle à avoir sur le front un autocollant avec « Paris Hilton » écrit dessus ou à se rendre ridicule en mimant un truc quelconque. Cela dit, rappelez-leur que c'est *votre* soirée et forcez-les à jouer.

« Les règles »

LE PRINCIPE : Un indémodable : chaque invité invente une règle barbante ; ceux qui ne respectent pas les règles boivent plus, et plus vite.
SUGGESTIONS SUBTILES : Ne pas citer de nom ; ne pas rire de ses propres blagues ; ne pas boire sans dire « santé ».
POURQUOI ÇA MARCHE : Moins vous respectez les règles, plus il est difficile de les suivre. Ou de s'en souvenir. Attendez, quelles règles ?

« Le psychiatre »

LE PRINCIPE : Un joueur (le moins intelligent, ou le plus bourré) est désigné pour être le « psychiatre ». Il quitte la pièce pendant que les autres joueurs choisissent une névrose. Quand le psychiatre revient, il pose des questions pour faire son diagnostic.
QUI INVITER : Des pervers qui jouent au docteur, des dépressifs qui ont besoin qu'on leur remonte le moral, votre psy.
QUAND L'ÉVITER : Si l'invité d'honneur a des TOC ; si vous-même entendez des voix.

« Le jeu du Non »

IL FAUT : Une maison pleine d'étrangers ouverts d'esprit ; des colliers de fleurs.
LE PRINCIPE : Chaque invité reçoit un collier de fleurs. Les joueurs se mélangent ; si quelqu'un parvient à vous faire dire « non », il remporte votre collier. Celui qui a le plus de colliers a gagné ; le prix est, euh, des colliers.
POURQUOI VOUS ALLEZ GAGNER : Vous ne savez pas dire « non » !

Le lieu du crime

SI Marichéri fait de la résistance, c'est trop tard. Les invitations ont été lancées, vos hôtes sont en route, le bar est plein à craquer et vous vous êtes échinée toute la journée à concocter des amuse-bouches. Enfin, presque.

En plus des invités (savoir qui inviter a son importance : un choix harmonieux et varié donnera de l'intérêt à votre soirée ; assurez-vous d'avoir toujours sous la main un amateur de potins, un casse-cou et un raconteur d'histoires cochonnes inappropriées), l'organisation de votre soirée est la clé d'une ambiance réussie, qui sera à son tour la clé d'une soirée dont les gens parleront encore longtemps après. Ne négligez pas l'organisation, sinon vous vous retrouverez avec des piles de vaisselle sale dans la cuisine et des crises de larme dans les toilettes ; donc au nom de votre santé mentale et de votre mascara non waterproof, pré-vo-yez !

UNE CHAÎNE HI-FI BIEN PLACÉE. Elle provoquera soit une séance d'impro, soit une vague de slows chauds bouillants, alors limitez-en l'accès.

CACHEZ VOTRE TÉLÉ. Outre le fait de protéger votre écran plat de la maladresse du casse-cou, planquer votre téléviseur évitera que quelqu'un ne s'exclame : « Quoi ? Vous n'avez pas vu *Charlie et la chocolaterie* ? » en éteignant la musique et en allumant le lecteur DVD.

BANNISSEZ LES ENFANTS. *Aucun*, je dis bien *aucun* enfant ne sera autorisé à venir à votre soirée. Quiconque osera amener ses enfants ne sera pas réinvité. Si néanmoins cela devait arriver, leurs pattes pleines de bactéries seront tranchées, cuites et servies sous forme de dips.

INTERDISEZ L'ACCÈS À VOTRE CHAMBRE. Souvenez-vous de toutes les fois où vous l'avez fait sur le matelas à eau de votre hôtesse... puis investissez dans une clôture électrique.

RÉORGANISEZ L'ESPACE. Déplacez les meubles sur les côtés, ou plus loin si nécessaire, comme pour un goûter d'anniversaire. Vous me remercierez quand certains commenceront à passer du Lara Fabian et que le vin rouge se mettra à couler plus haut que le bord des verres.

PROTÉGEZ LES MEUBLES. Vous vous trouvez trop stylée pour les housses en plastique ? Quand le moulin à paroles se rappellera ses vacances au cap d'Agde et que le casse-cou se sera cassé la figure de l'accoudoir du canapé, vous ne direz plus la même chose. Je vous aurai prévenue.

TAMISEZ LES LUMIÈRES. Pas besoin de se la jouer gothique en sortant des candélabres, mais si votre salon ressemble à un labo, il est temps que Marichéri assure en installant un variateur. Personne n'a envie de voir les pores de ses voisins sous une lumière crue au néon.

Astuce pour un petit plus de décadence !

Le karaoké est le genre de sabotage de soirée qui ne plaît à aucune femme au foyer digne de ce nom. Gardez votre version de *Pour que tu m'aimes encore* – et votre dignité – pour la douche.

Cocktails (avec ou sans alcool)

SI vous les approvisionnez en alcool de façon continue, vos invités ne remarqueront pas les détails subtils sur lesquels vous aurez lésiné ou que vous aurez tout simplement négligés (voir « Amuse-bouches », page 76). Ces délicieux cocktails aideront vos invités à se relâcher bien plus vite que ne le permettent les conventions sociales. (Au fait, je plaisantais au sujet des cocktails sans alcool ; ceux qui conduisent boiront l'eau du robinet.)

LE « LADY IN PINK »

Un cocktail girly, si tant est que cela existe ; trois verres de ce délice féministe et le volume sonore de la soirée baissera en moins de temps qu'il n'en faut pour dire « indigne d'une lady ».

Ingrédients

1 shot de gin
90 ml de lait
2 shots de crème fouettée
De la grenadine pour la couleur

INSTRUCTIONS PLUS-SIMPLES-TU-MEURS

Mettez tous les ingrédients dans un shaker avec de la glace. Secouez et versez dans une coupe à champagne ou tout autre verre de circonstance. Décorez d'une cerise.

L'« ORGASME MULTIPLE »

En drink ou en shooter, cette préparation crémeuse est aussi divertissante que de regarder un film de cul à la télé.

Ingrédients

30 ml de Bailey's
30 ml d'Amaretto
30 ml de crème
30 ml de Kahlua

INSTRUCTIONS SUPER SIMPLES

Mélangez les ingrédients, servez avec une bonne dose de sous-entendus..

« ICE TEA LONG ISLAND » VERSION « LONGUE »

Poids légers attention : cette boisson traître a une concentration en alcool beaucoup plus élevée que ses versions tristounettes. Alors si vous vous réveillez dans un taxi et que vous ne reconnaissez pas le quartier, ceci explique probablement cela.

Ingrédients

30 ml de vodka
30 ml de gin
30 ml de tequila
30 ml de rhum
1 shot de Coca, pour la couleur

INSTRUCTIONS DANGEREUSEMENT SIMPLES

Mélangez tous les alcools qui existent sur terre dans un grand verre avec de la glace. Consommez sans prudence et sans modération.

Amuse-bouches faciles

QUAND vos invités seront suffisamment imbibés (voir page 74), ils seront moins exigeants sur la qualité du repas. Tout ce qui sera joliment présenté sur un plat suffira à leur bonheur. Il est même possible qu'ils vous encensent pour le temps que vous aurez passé en cuisine à préparer tous ces mets délicieux. Essayez ces fabuleuses recettes de *finger food* : plus d'effet pour moins d'efforts !

TOASTS AU FROMAGE. Ça semble basique, mais tout dépend de votre façon de les présenter. Ne dites pas « toast », dites « bruschetta ». Ne dites pas « fromage », dites le nom d'un fromage italien avec votre plus bel accent. Investissez dans du gorgonzola ou de la mozzarella. (Le fromage à tartiner, en revanche, est à bannir.)

MINICOCOTTES. Un amuse-bouche instantané très tendance. Servez n'importe quelle soupe en brique dans une verrine ou une minicocotte, et vos invités prétentieux y trouveront assurément une satisfaction postmoderne. Rebaptisez votre création : tout ce qui est vert deviendra un « Velouté Printanier et ses Herbes », le reste sera un « Consommé aux Épices de l'Orient ». Ces soupes pourront aussi être servies comme entrée au dîner qui suivra et dont vous n'avez pas encore parlé à Marichéri.

GAMBAS. Les gens importants aiment les gambas. Demandez à n'importe quel homme en costume s'il veut des gambas, il vous

Astuce pour un petit plus de décadence !

Vous ne savez pas faire marcher le four ? Certains traiteurs livrent tout ce qu'il faut pour l'apéritif, et ce sera toujours meilleur que ce que vous préparerez vous-même. Juste pour l'info.

dira : « Oui, s’il te plaît, trésor. » Pas besoin de vous embêter ou d’en faire tout un foin : décongelez des gambas déjà cuites, disposez-les sur un plat en porcelaine, saupoudrez de quelque chose et faites une sauce pour faire trempette. Miam !

SAMOUSSAS. Un basique de longue date dans toute soirée prétentieuse qui se respecte. Vous pouvez acheter ces bouchées chez n’importe quel traiteur. Vous pouvez aussi mélanger des croûtons avec de la sauce barbecue, les servir dans une feuille de brick et les présenter comme un hors-d’œuvre typique méditerranéen. Succès garanti.

MÉLANGE APÉRITIF CRÉATIF. Les bretzels ? Étouffe-chrétien. Les cacahuètes ? C’est peanuts. Des bretzels plus des cacahuètes ? Très audacieux ! Devenez ethnique et ajoutez des perles de wasabi. Présentez sur un plateau d’argent. Et voilà !

OLIVES. Plongées dans votre martini ou sur une pizza, les amuse-bouches naturels sont ce qui existe de plus simple pour transformer votre soirée en « party » sans avoir à allumer le four (NB : c’est le bouton qui tourne sur la droite. Tournez-le vers la gauche pour éteindre avant que votre peau ne cloque).

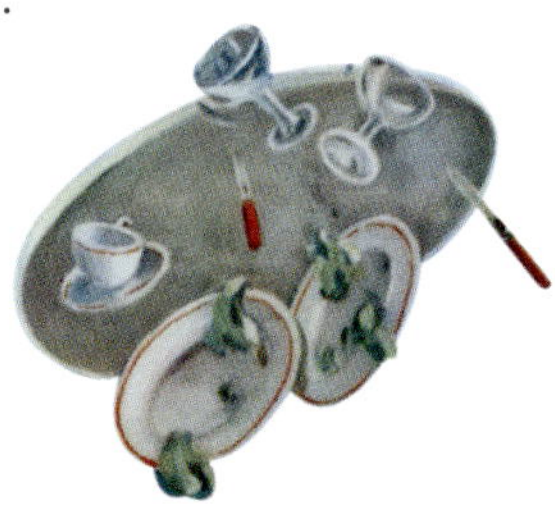

DOIGTS D’ENFANTS.
Je plaisante ! Quoique…

Une tache ? Au secours !

À PART celui qui fait exprès de tomber sur la table du buffet (c'est du vécu), rien ne tue plus l'ambiance d'une soirée que LA tache dont tout le monde parle. D'habitude, on est tentée de jeter la robe et d'en acheter une neuve, mais vous serez parfois obligée de passer le reste de la soirée dans la même tenue. Savoir enlever une tache est un talent domestique que toutes les femmes au foyer doivent posséder afin de rester élégantes tout en escamotant la preuve du crime. La preuve ? Quelle preuve ?

C'est quoi, là, sur cette robe ?	**Beurk, comment c'est arrivé ?**	**Remède traditionnel**	**Remède décadent**
	Six tasses de ça dès le matin, et vous verrez que vous tremblerez aussi.	Arrosez de vinaigre blanc pour enlever le marron.	Retournez votre pyjama à l'envers et versez-vous une autre tasse.
	Votre habitude prétentieuse de boire du thé vert est punie par les dieux de la Fête.	Arrosez de jus de citron pour enlever la tache, puis d'eau si vous avez sucré le thé.	Vous n'êtes pas près de partir, changez de tenue.
	Ces petits coquins n'arrêtent pas de vous glisser des mains pour se cacher entre les coussins du canapé.	Lavez avec du liquide vaisselle pour ôter le gras, tamponnez de vinaigre blanc pour ôter la tache.	Désormais mangez le chocolat sous forme de tablette.

C'est quoi, là, sur cette robe ?	Beurk, comment c'est arrivé ?	Remède traditionnel	Remède décadent
	Vous vous êtes arrosée de gras pour une cuisson lente.	Lavez avec du liquide vaisselle, faites sécher à plat.	Bousculez quelqu'un qui mange du gras avec ses doigts et rejetez la faute sur lui.
	Les toasts enthousiastes ont de fâcheuses conséquences à long terme.	Utilisez de l'alcool dénaturé (quelle ironie !), tamponnez avec du vinaigre blanc et rincez à l'eau froide.	À l'avenir, portez des couleurs sombres, donc sans danger.
	Comme ci-dessus, mais au moment de l'entrée.	Tamponnez avec de l'eau fraîche, faites sécher à plat.	Pas besoin ; vous avez eu l'intelligence de choisir une robe blanche.
	Votre curiosité passagère a eu raison de vous.	Vaporisez la tache de laque.	Épinglez une fleur sur la tache : c'est joli et de saison.
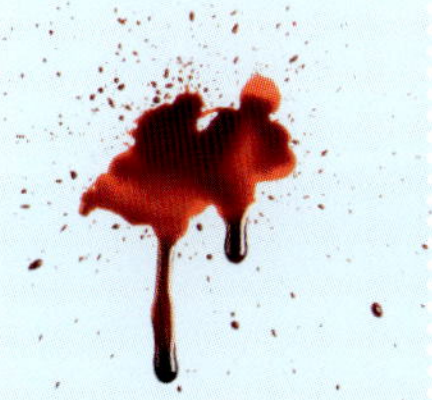	Il vous arrive de mordre.	Faites tremper toute la nuit dans de l'eau froide salée.	Un pansement bien placé et une bonne histoire pour vous attirer la sympathie.

Chef
At your Service
Who's next
What's Cooking?

CHAPITRE 5

L'hospitalité sans hostilité

19 h 30–23 h 30

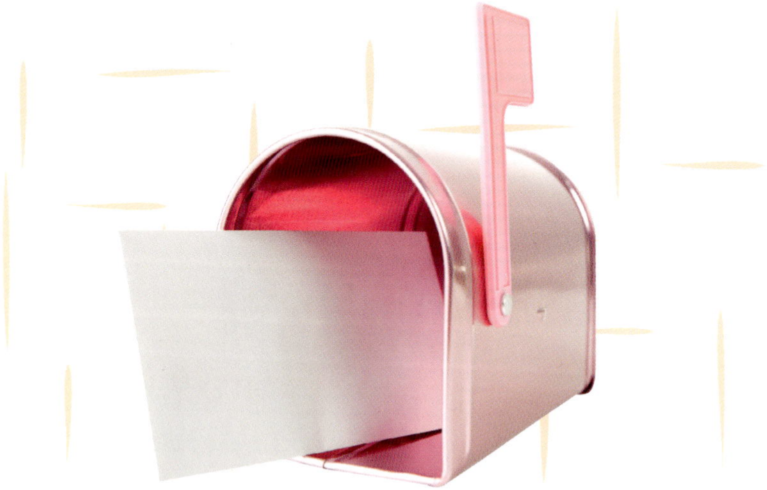

L'hospitalité sans hostilité

MALGRÉ toute sa splendeur, l'heure de l'apéritif ne dure… qu'une heure. Enfin, dans votre cas, c'est deux, mais là n'est pas la question. La vraie question (si seulement vous arrêtiez de me distraire), c'est que si vos invités ne mangent pas, ils vont mourir. Et vous n'avez pas du tout envie d'endosser la responsabilité légale des égarements de chacun, alors, pour faire bonne mesure, servez *quelque chose* à vos invités.

Anatomie d'une invitation

FAITES de votre soirée un événement officiel grâce à une invitation. Si Marichéri fait la gueule, c'est trop tard : vous avez posté les invitations il y a des semaines. Et c'est mignon comme ça, tout en rose, non ? Certes.

La liste des invités

CONTRAIREMENT à ce que vous diront les meilleures femmes au foyer, la base d'un dîner réussi n'est pas le repas, mais l'ambiance. Le choix des invités – et pourquoi vous les invitez – est aussi important que celui du traiteur. Voici le best of.

MARICHÉRI. Il peut venir, s'il le faut, du moment qu'il finance la chose et qu'il garde ses remarques et ses récriminations pour lui. Mais vous n'êtes pas obligée de vous asseoir à côté de lui.

LE VOISIN SEXY. Asseyez-vous plutôt à côté de celui-ci. Outre le fait de rappeler à Marichéri ce à quoi il doit ressembler, une montagne de muscles agréable à regarder vous détendra et vous excitera en même temps.

LA COPINE MOINS SEXY du voisin sexy. Étendre l'invitation à sa copine « adorable » redorera votre blason. (Vous gagnerez des points si, en plus d'être mal à l'aise, elle est maladroite.) Malheureusement, il n'existe aucun moyen d'influencer les choix du voisin en la matière ; à l'inverse, une copine supersexy fera de vous le vilain petit canard.

LE PROFESSEUR. Pas un vrai professeur en soi, mais un invité qui lit les journaux. Il sera d'une aide précieuse pour achever rapidement les discussions politiques (Mais qu'*est devenue* l'Union soviétique ?), avant que ce genre de conversation ne gâche votre soirée.

LA COMMÈRE. Un peu de commérage est toujours bienvenu ; vous aurez besoin d'une personne qui n'éprouve aucune honte à attirer l'attention sur elle et qui ne pourra s'empêcher de dévoiler des secrets (tant que ce ne sont pas *vos* secrets). Elle en a probablement des vertes et des pas mûres à raconter, sinon, laissez cela à l'invité suivant.

LA POIVROTE. Mettez un point d'honneur à inviter quelqu'un qui ne tient pas l'alcool. Encouragez-la un peu, et quoi qu'il arrive vous pourrez toujours détourner l'attention en racontant comment elle a mis ses chaussures à l'envers.

LE MÉCÈNE. Parce que vous ne savez pas dire « non » à du dom pérignon.

LE BOUC ÉMISSAIRE. Bien choisi, il peut résoudre de nombreux problèmes. Choisissez une personne docile qui ne protestera pas si vous la mettez à la porte en l'accusant de tous les incidents qui se sont produits au cours de la soirée, et dont elle n'est, bien sûr, pas responsable.

LA BONNE POIRE. C'est la copine que vous ignorerez pendant tout le dîner, mais qui insistera pour (ou que vous pourrez forcer à) rester et vous aider à nettoyer pendant que vous irez vous refaire les ongles. Indispensable.

Le plan de table

IL EST aussi important que la liste des invités, et pas uniquement pour faire du pied sous la table. Si vous avez dû inviter des gens que vous n'aimez pas, il est très important de ne pas vous retrouver assise à côté d'eux.

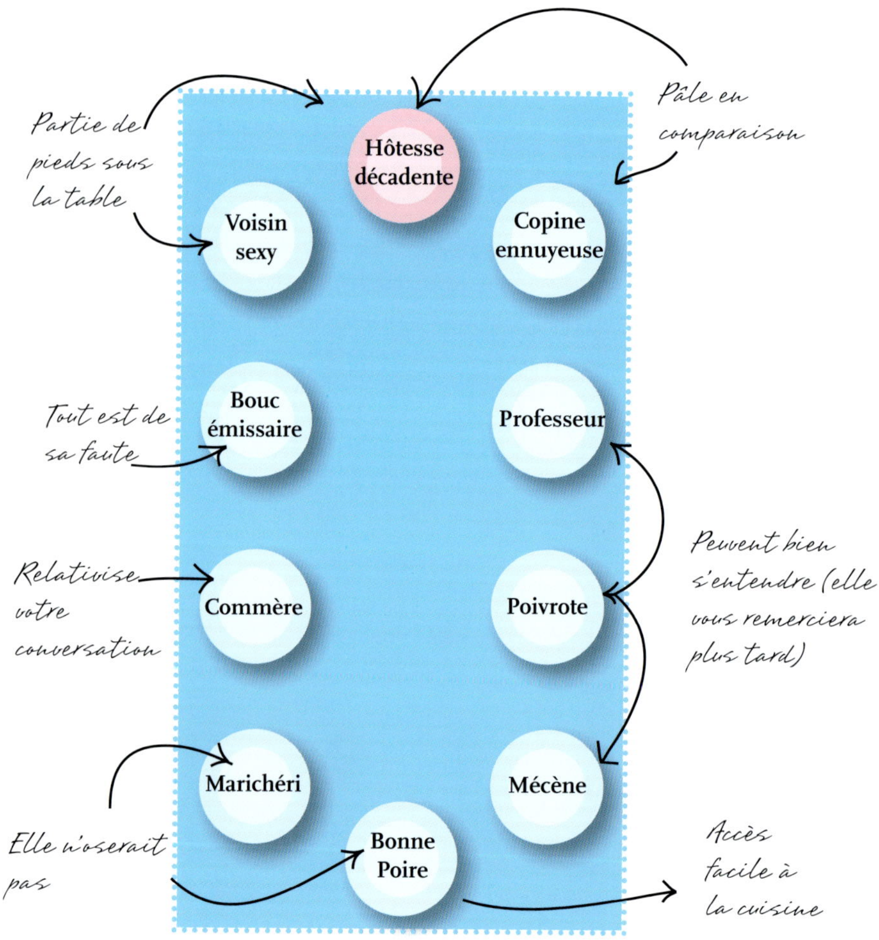

LE LIEU DU CRIME, ACTE II

Comment placer les couverts

Un dîner ressemble à un apéritif (voir chapitre 4), mais là, il vous faut une table. En effet, la table est indispensable – à moins que vos invités ne décident de manger au-dessus de l'évier. Ce qui est sur la table est encore plus important, alors faites attention.

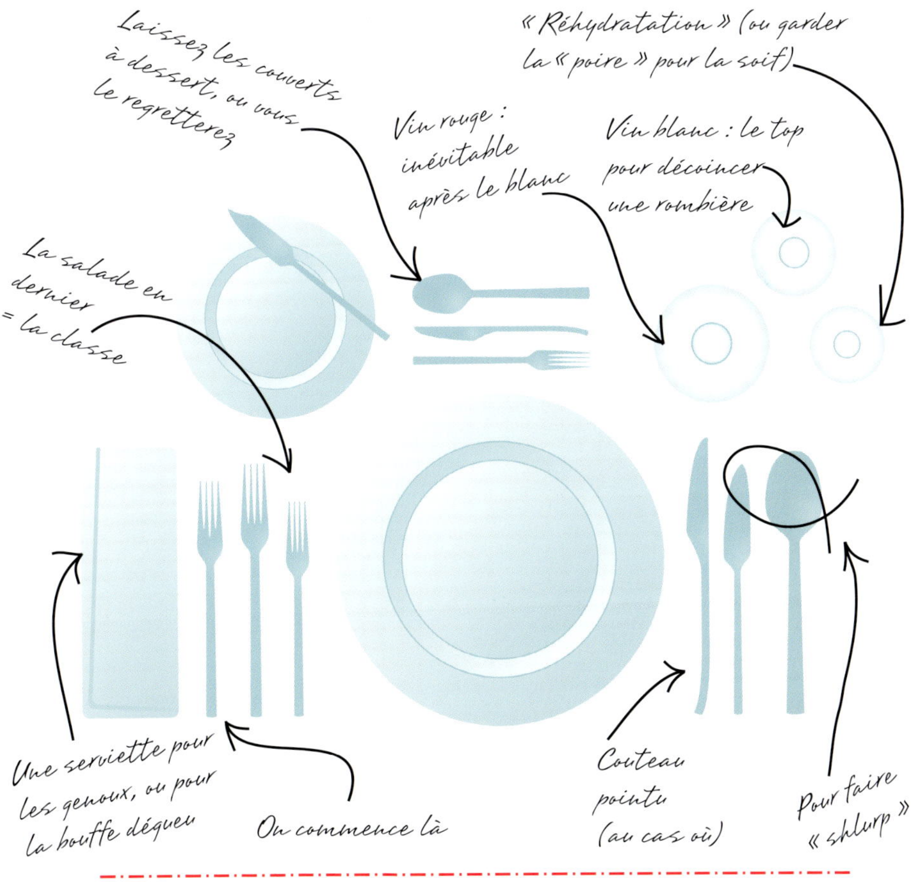

Dîners à thème

C'EST COMME les soirées à thème (voir page 70), mais on vous livre la nourriture. De préférence par la porte de derrière, et présentée de telle sorte qu'on pourrait croire que c'est fait maison. Tout a l'air facile, avec vous.

Inspiration	Au menu	Il vous faut	Dress code
	Des trucs et des machins frits ; de l'aigre-doux.	Des baguettes et Kwan, le petit livreur.	Des kimonos pour les femmes ; des armures de samouraï pour les hommes.
	Du champagne, des olives et du caviar.	Même vous, vous devriez pouvoir vous débrouiller.	Des robes dignes du Festival de Cannes.
	Du vin rouge, des bruschettas, des pâtes en sauce, du vin, encore.	La pizzeria du coin fera l'affaire.	N'importe quelle marque au nom italien.

Inspiration	Au menu	Il vous faut	Dress code
	Des martinis vodka, des rondelles de citron, de la cocaïne.	Des invités ouverts d'esprit.	Des talons compensés et des paillettes.
	Des tapas, des enchiladas, des margaritas.	Rien que la tequila vous garantira une soirée réussie.	Des perles, des sombreros, des jupes de paysanne.
	Murder party.	Un maître d'hôtel, une soubrette, un vieux millionnaire.	Des longs gants, un regard innocent et un pistolet dans votre jarretière.
	Le mec sexy de votre liste d'invités.	Son numéro de portable et un mot de passe.	La nouvelle lingerie que votre mari a achetée (bien qu'il ne le sache pas encore).
	Du poulet frit, des hamburgers frits et du beurre de cacahuète frit.	Le staff graisseux d'un fast-food.	Un chapeau de cow-boy, du gel, des exigences revues à la baisse.

« REMUE-MÉNINGES POUR FEMME AU FOYER »

Quel est votre sens de l'étiquette ?

1. Voici le temps des présentations. Comment allez-vous présenter un prêtre à une vieille bique ?

A) « Mon père, j'aimerais vous présenter Mme Dupont. Madame Dupont, voici le prêtre de l'église où je ne vais jamais. »
B) « Euh, voici le, euh, p-p-prêtre. »
C) « Mon père, je vous présente Dolores. Vous avez la même ouverture d'esprit. »
D) « Hé, m'dame, un prêtre ! Mais vous en avez p'têt rien à *curé.* »

2. Le moment est venu de vous installer à table : quelle sera votre attitude ?

A) Vous pourriez garder un annuaire en équilibre sur la tête si nécessaire – vous vous êtes entraînée tout l'après-midi.
B) Vos mains engourdies n'arrêtent pas de renverser la salière.
C) Vous croisez les jambes et vous montrez votre culotte sans le faire exprès.
D) La chaise est si peu confortable que vous vous installez dans le canapé avec votre assiette.

3. Au beau milieu du repas, la sonnerie de votre téléphone – les Spice Girls – retentit. Que faire ?

A) Éteignez-le immédiatement et excusez-vous en disant que Victoria n'a pas pu venir.
B) Vérifiez qui c'est, inventez un cousin à l'article de la mort, et invitez tout le monde à l'enterrement la semaine prochaine.
C) Expliquez que vous avez acheté ce téléphone pour revendiquer votre indépendance et ne vous excusez pas.
D) Répondez (à voix haute) : « Salut, chéri ! Non, *rien.* Je m'ennuie à mourir. »

4. **Vous ne pouvez plus rien avaler avant le dessert ! Comment indiquer qu'il est temps de passer à la suite ?**

A) Faites un petit tas avec votre nourriture et posez vivement vos couverts en parallèle dans l'assiette.
B) Mettez tous vos restes dans votre serviette et cachez-la derrière un rideau.
C) Levez votre assiette jusqu'à ce que la bonne la prenne.
D) Léchez la sauce et jetez l'assiette par terre.

5. **Enfin, quelle est la dernière phrase que vous murmurez en poussant le dernier invité vers la sortie ?**

A) « Ne me remerciez pas de vous avoir invité. »
B) « Votre mari était supersexy ce soir. »
C) « Juste pour que vous le sachiez, ma soirée a une fois de plus surpassé la vôtre. »
D) « Ne parlons plus jamais de ce qui s'est passé. »

Vos résultats

Maximum de A. Convenable : vous pourriez remporter le titre de Miss Bonnes Manières dans une bagarre de filles.
Maximum de B. Maladroite ! Vous essayez, mais votre présence fait peur à tout le monde.
Maximum de C. Passive-agressive, mais polie : histoire de dire aux autres hôtesses qui est la meilleure.
Maximum de D. Totalement inconvenante : vous feriez mieux de ne plus recevoir.

Les 10 commandements pour une fête réussie

VOUS ESSAYEZ d'être à la fois une hôtesse gracieuse et contente d'elle en mettant votre générosité en valeur et votre colère de côté. C'est totalement contraire à votre conduite habituelle, mais avec un peu d'entraînement et des tranquillisants, recevoir sans décevoir peut devenir un jeu d'enfant – à condition que vos invités et vous connaissiez les règles. C'est aussi simple que d'obéir aux dieux de la Fête et, heureusement pour vous, ils m'ont envoyé leurs commandements (j'ai dû leur vendre mon âme en échange).

1. TU REFUSERAS LES GENS EN AVANCE

Si vous êtes encore, quelques minutes avant le début de la fête, en train d'éteindre un feu dans la cuisine et de cacher vos sex toys, la dernière chose dont vous avez envie, c'est d'avoir quelqu'un dans les pattes qui vous propose de remuer la salade. À moins d'y avoir été invité, quiconque arrivera avec un quart d'heure d'avance se fera refouler.

2. TU N'ACCUEILLERAS PAS LES RETARDATAIRES

Bien sûr, le contraire est tout aussi déplacé. Que quelqu'un déboule dans la pièce pleine d'invités et demande où se déroule la fête suffit pour que vous lui disiez d'aller plutôt en boîte ce soir.

3. AUX COUPABLES LES MAINS VIDES

Un invité qui n'apporte rien – même pas une baguette ou une bouteille de bordeaux – ne sera pas réinvité.

4. TU HONORERAS TON HÔTESSE ET TON HÔTE

Ce commandement marche dans les deux sens : de même que vous vous êtes bien tenue chez eux, ils doivent faire de même.

5. TU MANGERAS ET TE RÉJOUIRAS...

Un invité bien élevé doit manger tout ce qu'on lui présente sans se plaindre et en feignant la joie. Oui, la *joie* : car qui veut entendre parler de la hausse des prix du gaz, des fibromes ou de l'Holocauste ? À vous de faire en sorte que ce commandement soit respecté.

6. ... MAIS PAS TROP

On aime tous cette douce sensation de vertige procurée par l'alcool, mais si vous devez fermer un œil pour ne plus voir double et si vous avez déjà vomi une fois ce soir, ou encore si vous vous retrouvez à danser debout sur la table, le temps est venu de dire bonne nuit et de laisser à Marichéri la tâche de renvoyer les gens chez eux et de ranger la maison.

7. UN INVITÉ NE ROULERA PAS DE PELLE À LA FEMME D'UN AUTRE INVITÉ

À moins que vous n'ayez justement organisé ce genre de soirée, les langues restent dans la bouche de leur propriétaire.

8. LES PLAIGNANTS SERONT JETÉS AUX LIONS

N'acceptez jamais de plaintes, ni de suggestions d'amélioration concernant les choses suivantes : la nourriture et sa préparation ; l'emplacement de la maison ou sa décoration ; la tenue de l'hôtesse, ses choix professionnels, ses habitudes sportives ; la vie conjugale des autres ; le gouvernement ; la météo.

9. LES VOLEURS MÉRITERONT LA DAMNATION ÉTERNELLE

Si un regard fugace dans votre armoire à pharmacie est pardonnable (du Viagra ? Sans blague !), tout invité surpris à glisser la boîte dudit remède dans son sac, avec une douzaine de petits fours et un rouleau de papier-toilette, se dirige droit vers le purgatoire. N'envisagez même pas le pardon.

10. LES INVITÉS RÉPANDRONT L'AMOUR DE LA FÊTE

Faites-leur remarquer que le mauvais karma de la fête n'est pas une partie de plaisir, et qu'une invitation en retour doit suivre.

CHAPITRE 6

Nuit de rêve avec une femme au foyer

23 h 30–

Nuit de rêve avec une femme au foyer

PAS DE secret sexy ici : la chambre est le lieu où une femme obtient et exerce son plus grand pouvoir. Décider du moment (le matin ? atterrissez !) et du lieu (la chambre, ou autres), de la fréquence (cycle lunaire) et du style (qui sait ce que vous êtes prête à faire), tout cela fait partie de la pratique et de l'entretien de votre décadence. Alors faites-le, ou pas, et voici comment.

CHECKLIST

Comment faire l'amour au téléphone

Marichéri doit rester tard au bureau à cause des factures de carte de crédit ? Évitez les secrétaires en lui passant un coup de fil au bon moment. À ne tenter que s'il a son propre bureau. (Si ce n'est pas le cas, il faut effectivement qu'il travaille tard pour grimper dans l'échelle sociale.) Suivez ces règles élémentaires afin d'éviter tout faux pas.

- **APPELEZ-LE,** même si vous n'êtes pas d'humeur – on peut simuler au téléphone.
- **NE FAITES PAS** le numéro de bureau de votre père par erreur.
- **AVALEZ** une gorgée de vin et dites-lui qu'il est bon.
- **NE BUVEZ PAS** au point d'être malade, vous pourriez avoir des haut-le-cœur.
- **PRÉPARÉZ** une assiette de petits-fours et dégustez-les en gémissant de plaisir.
- **RÉPÉTEZ** les mots « grosse », « dure » et « profond » avec enthousiasme.
- **N'UTILISEZ PAS** les expressions « taille moyenne », « pas mal » ou « je ne sens rien ».
- **FAITES** marcher le blender en bruit de fond en guise d'effets spéciaux.
- **EN FAIT,** ne mêlez pas le blender à tout ça.

En amour, quel est votre style ?

1. De quoi avez-vous besoin pour vous mettre dans le bain ?

A) De vous faire caresser comme un chat tout l'après-midi.
B) D'une grande pizza que vous refusez de partager.
C) De danser dans une cage au club échangiste du coin.
D) De vous faire désirer pendant des jours tel un sultan.

2. Dans vos fantasmes les plus intimes, quel est le geste romantique le plus important ?

A) Il vous attache au lit où votre seul boulot est de recevoir du plaisir.
B) Il porte votre corps alangui du canapé à la chambre.
C) Il invite le voisin pour une séance de palpation de muscles entre hommes.
D) Il a engagé une domestique et un cuisinier pour un an.

3. Il veut faire quoi ? Pas question ! Mais pourquoi ?

A) Il a été égoïste avec sa carte de crédit l'année dernière ; vous n'avez pas oublié.
B) Vous avez déjà fait semblant de faire de la gym aujourd'hui.
C) Vous venez de voir ça dans un film porno et vous savez que vous pouvez faire mieux.
D) Vous ne voulez pas abîmer votre coupe-brushing qui a coûté les yeux de la tête.

4. **Le spectacle commence. Quel est votre meilleur numéro ?**

A) Vous le suppliez, vous l'implorez... d'annuler le contrat de mariage.
B) Vous gémissez en pensant à l'homme de vos rêves.
C) Vous répétez le mot « fou**e » sous toutes ses formes : verbe, nom et adjectif.
D) Vous rejouez une scène de *Basic Instinct,* sans le pic à glace.

5. **Ah, c'est fini. Comment profitez-vous de votre bien-être post-coïtal ?**

A) Seule dans la salle de bains avec votre petit canard vibrant.
B) Par un mois ininterrompu de relations platoniques.
C) Par une succession planifiée de virées extraconjugales.
D) Dans une lumière tamisée et des draps de soie.

Vos résultats

Maximum de A. Trop égoïste : votre revendication est tout à fait louable, mais essayez de donner un peu, vous aussi.
Maximum de B. Trop paresseuse : votre présence est un cadeau, mais faites un effort, bougez un peu plus.
Maximum de C. Trop salope : vous ne vous trouvez pas si salope que ça ? Alors pourquoi êtes-vous habillée comme une p... ?
Maximum de D. Diablement décadente : joli travail ! Vous êtes une source d'inspiration pour nous toutes.

Des positions à éviter

Se laisser aller à des fantaisies audacieuses dans la chambre, c'est facile. Mais parfois, ça va trop loin. Voici quelques conseils.

Fiche technique	Comment ça marche	Quand non, c'est non	Bon, d'accord
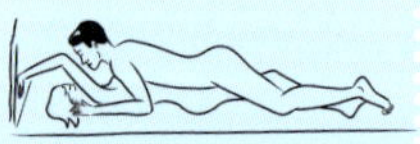	La « Premier Rencard ». Restez allongée et faites semblant de dormir.	Vous l'avez déjà fait cette semaine/ Vos premiers rencards sont loin derrière vous.	Au premier rencard/ Quand le Viagra fait effet.
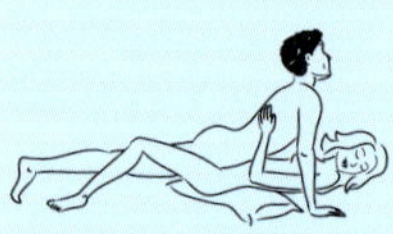	La « Bataille de Polochons ». Comme ci-dessus, mais avec un polochon.	Vous avez déjà refusé la « Premier Rencard »/ Non, c'est non.	Quand les polochons sont en solde.
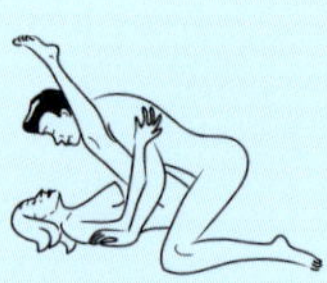	La « Pourquoi vous ne faites pas de yoga ». Il a des idées bizarres, et pas vous.	Vous avez fait un dîner trop copieux.	Vous venez de vous faire faire une pédicure.
	La « Quart d'heure américain ». Il se sent violé et il adore ça.	Quand vous surmontez votre addiction et que vous arrêtez de sniffer du Viagra en poudre.	C'est son anniversaire/ La BO de *9 Semaines et demie* est dans le lecteur CD.

Fiche technique	Comment ça marche	Quand non, c'est non	Bon, d'accord
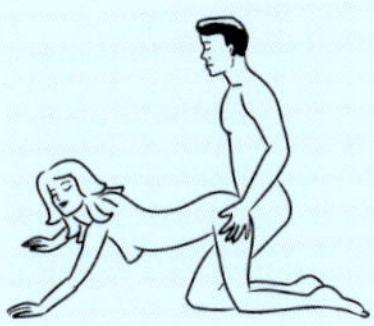	La « Juste-Pour-Cette-Fois ». Mentionnez cette séance toutes les autres fois, si nécessaire.	Vous le suspectez de vous filmer/ Vous remarquez qu'il regarde en douce le match de foot à la télé.	Vous devez réfléchir à votre liste de courses, de toute façon.
	La « Voisin » (ou Patron, ou Prof). Il surgit, s'active frénétiquement, puis il retourne travailler.	Quand il y a du monde au repas de Noël/ S'il a besoin de se mettre debout sur un annuaire.	La société accepte enfin que les ébats en dehors de la chambre, ce n'est pas tromper.
	La « Ciseaux machin chose ». Apparemment, il est en train de faire quelque chose – mais quoi ?	Quand vous êtes plus large que la table.	Vous avez bu quatre verres de merlot et ne vous en souviendrez probablement pas.
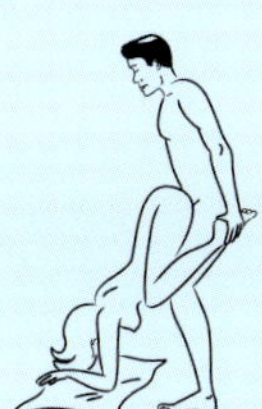	La « Brouette ». Parce que, oui, ça a l'air sympa et plutôt confortable.	Vous n'êtes pas une machine agricole/ Vous n'avez aucune force dans les bras.	Quand les poules auront des dents.

Qui est l'homme de vos rêves ?

BIEN SÛR, Marichéri y ressemble – pourquoi l'auriez-vous épousé, sinon ? –, mais il y a toujours des occasions de s'améliorer (chez les

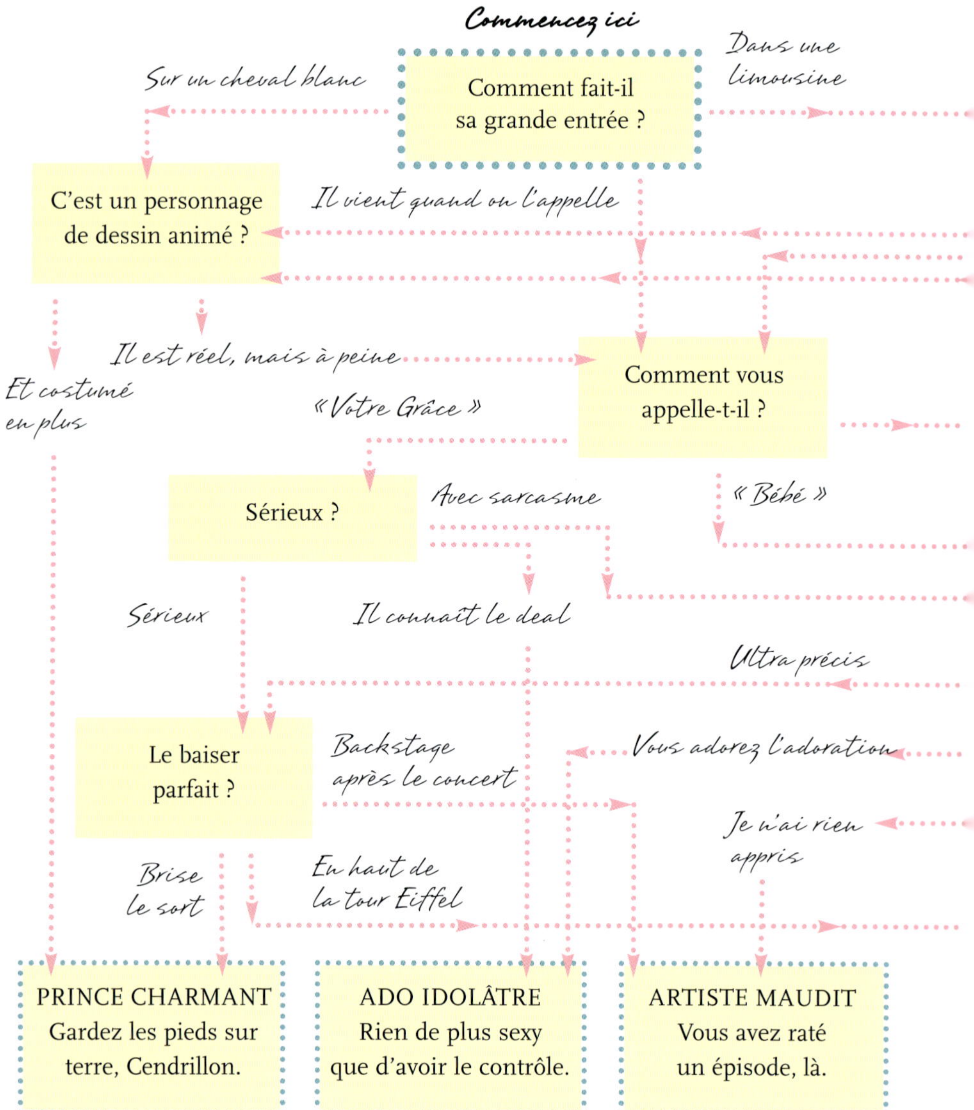

autres), et fantasmer, ce n'est pas tromper, alors considérez ceci comme votre laissez-passer pour une balade heureuse au pays des rêves.

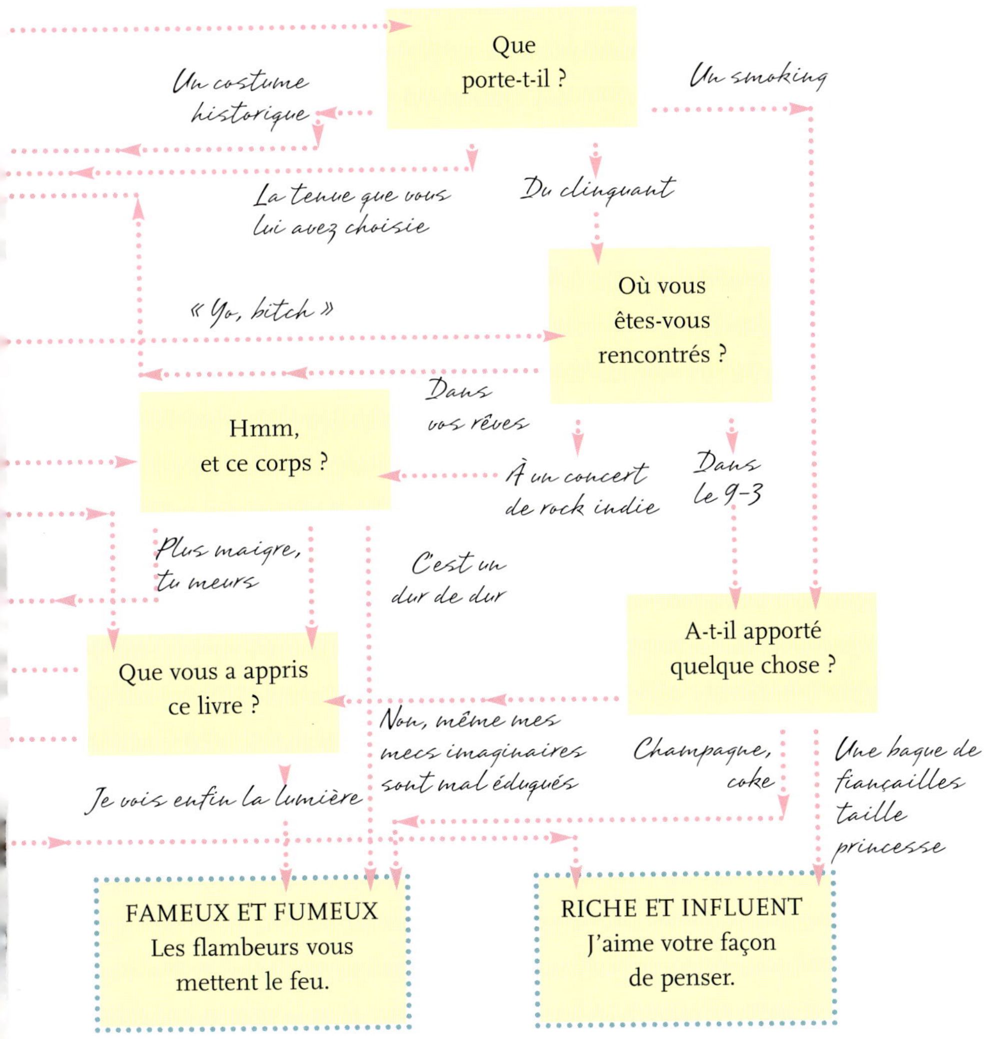

Déguisements pour petites dégoûtantes

POUR LES plus décadentes – voire un peu déviantes – d'entre vous, le jeu de rôle vous permettra de faire des choses que vous n'auriez jamais faites ou que vous auriez reniées. Ces scénarios en costume, très inventifs, vous sortiront à coup sûr de l'ennui… et vous en créeront !

Objet d'inspiration	Il vous faut	Les dialogues	Quand atterrir
	Un costume en cuir, un air sévère, une matraque.	« Tout ce que vous direz pourra être retenu contre vous. »	Les vrais flics sont là.
	Une pomme, un kilt, une mauvaise note.	« S'il vous plaît, monsieur Marichéri, je ferai tout ce que vous voudrez. »	Vous avez 14 ans/ C'est le Marichéri d'une autre.
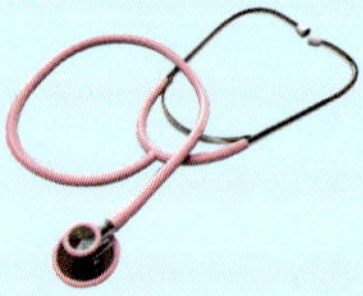	Une blouse blanche, un stéthoscope, du vocabulaire médical de base.	« Le docteur va vous prendre maintenant. »	Il semble montrer de vrais symptômes de gastro.

Objet d'inspiration	Il vous faut	Les dialogues	Quand atterrir
	Un costume en velours, un esprit festif, aucun sens du ridicule.	« Mais parfois c'est bien de ne pas être sage. »	On est en été.
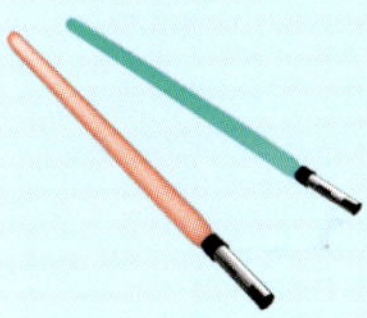	Des tresses enroulées, un petit bikini, de l'ouverture d'esprit.	« Vous êtes mon héros rebelle. »	Il n'a jamais vu *Star Wars*.
	Un déguisement de bunny, un panier avec des œufs, un record du saut en hauteur.	« Hop ! Hop ! Hop ! »	Vous êtes suffisamment tarée pour vous mettre une carotte où je pense.
	Un plumeau, un petit tablier blanc, une voix gouailleuse.	« Oui, oui, monsieur, à votre service, monsieur. »	Il se fait des idées et s'attend à ce que vous fassiez le ménage.
	Quelque chose de douloureux en cuir, des talons aiguilles, une fureur contenue.	« La ferme ! FERME TA G☠◎ !! »	Il crie au secours et pleure comme une fillette.

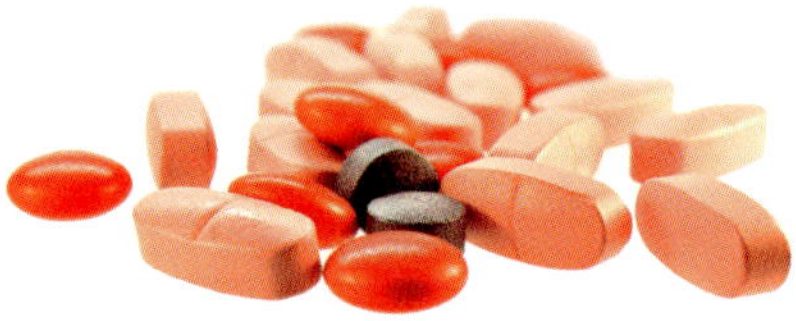

Remèdes remarquables

LES MÉDECINS qui aiment faire la fête le savent bien : toute femme a besoin d'une armoire à pharmacie regorgeant de remontants et de tranquillisants. Dites à votre sérotonine d'aller se faire voir et montez dans le grand huit du paradis artificiel ; tous les hommes deviendront comme de la pâte à modeler entre vos mains. Voici ce dont vous avez besoin pour soutenir l'industrie pharmaceutique locale et faire marcher vos neurotransmetteurs.

AMPHÉTS. Même si ça fait des années que votre mère ne vous a pas mis la pression quant à vos études, sniffez-en quelques-uns et appelez-la au milieu de la nuit en pleurant pour lui dire que vous ne voulez pas être médecin.

ASPIRINE. Pas très glamour, mais si vous vous êtes déjà réveillée la tête dans un saladier à sangria, une aspirine ou deux vous remettront sur pied avant le soir.

CODÉINE. Utilisée par certains rappeurs et autres célébrités ; profitez-en avant que l'AFSSAPS ne vous empêche de planer.

MARIJUANA. Si elle n'est pas encore « légalisée » dans votre horrible pays (ni dans le mien d'ailleurs), résistez en transformant votre flacon de parfum en pipe à eau.

MIGNONNETTE DE VODKA. Si on ne peut pas boire dans les toilettes, où peut-on boire alors ?

OPIUM. Si vous réussissez à trouver une machine à voyager dans le temps qui vous transportera dans une fumerie du XVIIe siècle, vous pouvez m'en rapporter ? Je n'en ai entendu dire que du bien.

PAQUET DE CIGARETTES. Une cigarette pile au bon moment remplace avantageusement tous les produits de cette liste.

PILULE DU LENDEMAIN. Les vrais amis ne laissent pas leurs amis se reproduire. Soyez une vraie amie.

RITALINE. Si le fait de vous concentrer sur une simple phrase, surtout aussi géniale que les miennes, vous donne envie de jeter ce livre et de sauter partout jusqu'à ne plus savoir où vous êtes, ce médicament vous aidera à vous souvenir de ce dont on parlait : quand on aime, on ne compte pas.

SOMNIFÈRES. Si vous n'arrivez pas à vous endormir avant d'avoir classé par couleur les produits dans le frigo de peur que la maison ne brûle pendant la nuit, prenez ces petits cachets. Avalez-les avec un chablis bien frais pour des cauchemars lucides.

VALIUM. Faites un petit bond dans les années 60 avec une dose de ce diazépam : un classique indémodable.

VIAGRA. Ce n'est pas que pour les vieux ! Exercez vos droits de femme en volant son ordonnance et vouez sa sexualité défaillante aux gémonies.

VOMITIFS. Vous faire vomir avec les doigts après avoir dévoré tout le contenu du frigo sera tout aussi efficace.

XANAX. Votre phobie des ballons de baudruche devient incontrôlable ? Deux de ces petites choses et vous roulerez des pelles aux clowns.

La révélation !

Réfléchissez : si ce n'était pas un document officiel, pourquoi ce serait classé par ordre alphabétique ?

Préparez votre marathon nocturne

DES RUMEURS affirment que le sommeil, ça s'accumule. Alors si vous vous préparez à trois jours de bringue non-stop, n'hésitez pas à engranger des heures de réserve. La plupart des scientifiques disent que les adultes ont besoin d'environ sept heures de sommeil, mais ce sont probablement de vieux grincheux rongés par la jalousie de votre sommeil de bébé. Alors oubliez la science, parce que, encore une fois : plus, c'est mieux ! Conseils :

FINALISEZ LA LISTE DES INVITÉS. Ce soir seront présents vous et éventuellement Marichéri. Une fois vos ébats terminés, dites-lui fermement que votre sommeil est le fondement de votre décadence et que par conséquent, la rigolade, c'est fini pour ce soir. Votre « beauty sleep » est indispensable, donc gare aux mains baladeuses.

CULTIVEZ VOTRE ÉTAT DE FATIGUE. Bien sûr je n'y crois pas, mais un gars dans un labo a dit que trop de sommeil, à l'inverse, fatigue encore plus. Ça montre bien l'étendue des connaissances

Astuce pour un petit plus de décadence !
Le jeu de l'alphabet, façon décadente :
ne comptez pas les moutons, comptez vos ex.
A pour Antoine, B pour Benoît...

de ces blouses blanches, car c'est exactement ce que vous recherchez. Si vous arrivez à dormir dix heures d'affilée et à faire, en plus, un somme avant le dîner, vous avez tout bon !

UN COCON DOUILLET DÉDIÉ AU SOMMEIL. Regardez toutes les émissions de déco pour ce genre de pièce, mais en gros, il vous faut : un lit king size tout confort, de la peinture bleue, pas orange, des rideaux lourds et épais ne laissant filtrer aucune lumière.

INTERDIT AUX RÉVEILS. *Le* truc pour un sommeil satisfaisant. Savoir l'heure qu'il est ne fera que rappeler à votre cerveau l'existence du monde extérieur.

ENTRAÎNEZ VOTRE CERVEAU. Perdre conscience, c'est facile, c'est comme glisser sur une flaque et s'assommer, mais s'endormir avec grâce et sans intervention chimique, en revanche, ça peut être compliqué. La ruse, utilisée sur les jeunes enfants et les chiens bien dressés, c'est la routine. Faites les mêmes choses chaque soir : dévorez, buvez une bouteille de vin rouge dans votre bain moussant et lisez des romans érotiques jusqu'à ce que votre subconscient déclare forfait.

TOUJOURS ÉVEILLÉE ? L'insomnie est l'opposé de la décadence, alors traitez-la avant qu'elle ne vous maltraite. S'il est 4 heures du matin et que vous regardez toujours le plafond, souvenez-vous, il y a des cachets pour ça. Merci la science !

Remèdes pour gueule de bois

NON, ça n'a pas été « consommation avec modération » hier soir et franchement, personne n'aime vous voir comme ça. Alors si vous avez bu de la tequila jusqu'à 5 heures du mat', pour vous remettre sur pied, ce sera une bonne tasse de tisane de queues de cerise et faire comme si vous ne veniez pas de vomir dans la voiture. Les remèdes varient en temps et en efficacité, mais essayez ce qui suit.

LA VEILLE AU SOIR. Si vous êtes une alcoolique intelligente – je n'en ai jamais rencontré –, deux grands verres d'eau du robinet bus juste avant de sombrer vous assureront un réveil plus « cool » que « bourré ». Bien sûr, si vous êtes capable de boire cette eau, c'est que vous n'êtes peut-être pas aussi soûle que ça et que, par conséquent, l'eau n'y sera probablement pour rien. Réfléchissez un peu, les filles.

LE MATIN DU CRIME. Les irréductibles, prenez des notes. Réglez votre réveil une heure en avance (je sais, mais faites-moi confiance) et consommez rapidement un litre d'eau, deux analgésiques extraforts et un maxi-pain au chocolat. Retournez vous coucher avec un oreiller sur la tête. Eau + médocs + glucides + roupillon = un entourage berné en moins de deux.

DORMEZ, JE LE VEUX. On ne s'en rend pas vraiment compte sur le moment, mais passer une journée à gémir et à regarder des téléfilms à l'eau de rose, ce n'est pas si mal. Ajoutez le droit de ne pas faire régime et de manger n'importe quoi, et vous avez un bel après-midi en perspective. Profitez-en.

GOBEZ DES CACHETS. Si vous voulez avoir la pêche ou oublier que ce jour existe, il y a toujours une pilule faite pour ça.

UN PETIT DÉJEUNER BIEN GRAS. Certaines femmes ne jurent que par un petit déjeuner bien calorique. On ne sait pas si ça marche, mais en tout cas vous êtes splendide avec votre robe de la veille et vos énormes lunettes de soleil.

DU CAFÉ, DU CAFÉ, ENCORE DU CAFÉ. Techniquement, le café déshydrate et a donc l'effet contraire à celui souhaité. Mais si vous le supprimez et que, du coup, vos prétendus symptômes grippaux se mettent à ressembler à ceux de la peste, alors doublez la dose.

BUVEZ PLUS. Si le caoua ne suffit pas, préparez-vous un remède de cheval. Voyez ci-dessous les instructions pour préparer une boisson saine. Personne n'a le droit de vous juger dans l'état où vous êtes.

REMÈDE D'URGENCE POUR GUEULE DE BOIS

« J'ai besoin d'un bon Bloody Mary »

Si vous en êtes à ce point, rappelez-vous que les antioxydants sont à vos organes ce que les barbituriques sont à votre corps, alors invitez-les à la soirée.

Ingrédients

90 ml de jus de tomate
Le jus d'un citron
Un trait de sauce Worcestershire
Du sel de céleri
Du poivre du moulin
Du Tabasco
60 ml de vodka (obligatoire)

PRÉPARATION

(pour Marichéri, bien sûr)

Sur de la glace, mélangez les ingrédients dans un grand verre.
Décorez d'une branche de céleri et d'une rondelle de citron.
Dégustez sans modération, ne retenez pas la leçon.

En conclusion

Et voilà le travail, mesdames ! Rappelez-vous tout ce que nous avons accompli ensemble : se lever, s'habiller, manger, boire, manger et boire, faire les courses toute seule, se rhabiller, préparer un dîner, lancer une fête, réussir la sienne. Tout en restant (et en se sentant) fabuleuse. Ce qui n'est pas de la tarte.

Certaines désapprouveront. Elles diront que votre attitude est minable, que vous ne faites pas honneur à votre sexe ou que vous incarnez tout ce qu'il y a de pire au monde. Ne les écoutez pas ; tendez l'autre joue. Ces grincheuses ont probablement mal démarré la journée, telles des zombies mal fagotées derrière leur volant dans les embouteillages ou, pire, dans les transports en commun malodorants et dégoûtants, juste pour se retrouver enfermées la journée entière dans un bureau plus petit qu'une cellule de prison. Leur colère et leur ressentiment sont compréhensibles, et ce ne sont pas vos deux heures passées à essayer de faire un gâteau pour leur remonter le moral qui vont arranger les choses.

D'autres cependant vous comprennent : moi, vos copines de déjeuner, les producteurs des émissions télé de la journée. Tous savent que la décadence est un art maudit et que les courageuses qui le cultivent méritent bonheur et santé, une peau parfaite et sans rides, des plaisirs sans fin et la liberté de s'exprimer sans honte. Alors profitez allègrement de vos journées, de votre foyer, de votre temps libre, et ne laissez personne – mari, mère, police, société – vous faire culpabiliser.

Maintenant, c'est l'heure de se dire bonne nuit. Vous avez fait d'énormes progrès. Cependant, même les femmes au foyer décadentes ont besoin d'un peu de repos, alors fermez les yeux et détendez-vous : on continuera demain.

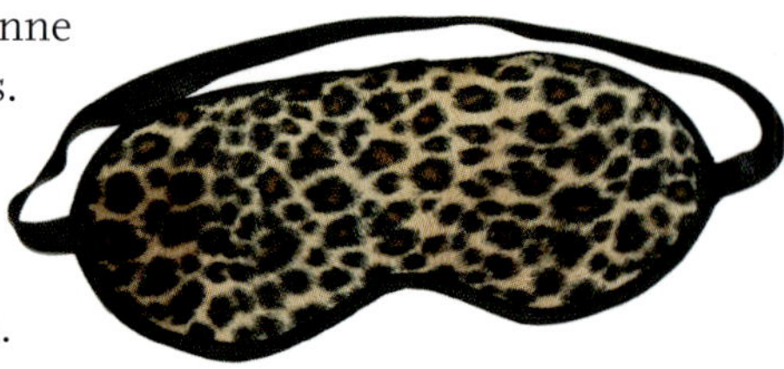